Vive la Récidive !

Chapitre I

- Tu vois, le repérage d'une banque, c'est là que tu prends ton pied. C'est comme si t'avais déjà l'oseille en poche.

Majid était intarissable lorsqu'il commençait à parler de ses braquages. Le repérage était à ses yeux la phase la plus enthousiasmante d'un braquage de banque. Aucun risque, un scénario qui se construisait dans la tête, des billets qui défilaient devant les yeux, comme au jackpot d'un casino. L'échec, la chute, étaient inconcevables, seul le succès scintillait jusqu'à obscurcir la vue. Majid avait toujours adopté cette attitude inconsidérée qui consistait à voir uniquement ce qu'il avait envie de voir. Il s'installait au volant de sa voiture pour se rendre au cinéma ou acheter sa baguette de pain sans jamais envisager l'accident qui, au carrefour en bas de chez lui, pouvait lui ôter la vie. S'il y avait songé, s'il avait pressenti sa fin prochaine, il ne serait plus sorti de chez lui, ne se serait pas risqué à affronter la vie. Son esprit était ainsi construit qu'il cherchait toujours une raison d'espérer, même au plus profond du désespoir.

Jacques l'écoutait poliment, mi-intéressé, mi pour occuper le temps, ça ou autre chose, il n'avait rien de mieux à faire. Après s'être assuré que Jacques demeurait attentif, Majid reprenait de plus belle.

Vive la Récidive !

- Dans une banque, tu as toujours une porte arrière pour faire entrer le personnel, en particulier le premier qui ouvre l'agence. Parce que si tu passes par devant, c'est mort. Avec le sas, c'est trop voyant. Par contre, la petite porte discrète, à l'arrière, ça c'est de la balle. Un bon repérage, c'est la moitié du boulot de fait. Mais faut pas croire, c'est un vrai boulot, et une galère en plus.

Jacques saisit son café, y trempa ses lèvres. Il était encore bouillant. Il le conserva néanmoins entre ses deux mains pour se donner l'impression d'être occupé. C'était apaisant de se sentir. Majid, après avoir marqué une courte pause, reprit :

- C'est un vrai boulot de flic que je te dis, de petit fonctionnaire tu vois. Il faut surveiller l'ouverture, la fermeture, savoir combien il y a d'employés, combien de clients à peu près, et puis surtout faire super gaffe à ne pas te faire repérer. Tu vois, lorsqu'un flic il prend en filature une cible comme ils disent ces cons-là, à chaque fois il se fait repérer, mais il a un de ses collègue qui prend la relève. En mettant bout à bout tous les morceaux qu'ils ont avant de se faire repérer, ben ils arrivent à retracer ton parcours. Mais si t'es un braqueur, il suffit qu'il y ait un employé ou un voisin qui s'aperçoit que tu fais le guet, et t'as droit au contrôle d'identité. C'est foutu pour toi cousin.

Majid savait de quoi il parlait. Il avait toujours agi méticuleusement. Le repérage équivalait à la recette de cuisine pour préparer un bon gâteau. Un dessert pouvait être concocté en jetant tous les ingrédients en vrac dans un saladier, et en ajoutant une bonne prière, mais le résultat se révélait plus probant en suivant à la lettre une recette écrite dans un livre de cuisine. Majid agissait en professionnel, il n'improvisait pas. Jacques écoutait passivement, aussi immobile que la femme de Loth transformée en statue de sel. De deux choses l'une, soit il était passionné par le récit et buvait les paroles, soit il était parvenu à s'endormir les yeux ouverts. Majid n'en avait pas terminé.

- Tu vois le plus important après le repérage, c'est de trouver les bons associés, et puis surtout à combien tu fais le coup.

Il n'avait jamais pris à la légère le choix des associés. C'était une phase cruciale qui obligeait à un compromis pour décider du nombre idéal de partenaires. Opérer seul signifiait être détenteur d'"un CV à faire pâlir un préfet de police. L'association minimum raisonnable comportait deux associés, un braqueur et un chauffeur, sur le principe de l'association Loi 1901, avec cette différence majeure que le but était dans ce cas exclusivement lucratif. Un nombre supérieur facilitait le travail mais présentait deux inconvénients. Le premier, évident, est que plus on invite d'amis à son anniversaire, et plus les parts du gâteau sont petites. La deuxième est que plus on est de fous, plus on s'amuse, moins on est sérieux, et plus le risque est important qu'un des fous laisse traîner la ficelle que les flics tireront pour dérouler toute la pelote jusqu'au flagrant délit. Un flagrant délit se prépare, les flics sont en filature depuis plusieurs mois avant l'interpellation, afin d'étoffer le dossier à présenter au procureur. A l'origine d'une interpellation, on trouve toujours un équipier qui a commis une erreur, qui a attiré l'attention, en parlant trop, en se vantant, en dépensant trop d'argent, en ne prenant pas assez de précautions.

- J'avais réduit mon équipe au minimum : juste un chauffeur efficace pour assurer mes arrières ; pour l'intérieur de la banque, je me sentais de taille à dominer la situation seul, et surtout je tenais à éviter les débordements, les erreurs, les « j'ai pas fait exprès le coup est parti tout seul ». Je sais par expérience que le personnel des banques se montre super coopératif. Ils ont des consignes.

Majid n'avait pas tort, les dirigeants préféraient perdre le contenu d'un coffre assuré qu'assumer les conséquences pénales, sociales et publicitaires du meurtre d'un employé. Et les employés s'identifiaient plus facilement à un homme ou une femme d'affaires qu'à un martyr ou un héros. Tout le monde y trouvait son compte.

Jacques était surpris par les qualités d'orateur de Majid. Ce dernier s'exprimait avec une grande aisance naturelle, contre toute attente étant donné la façon dont il gagnait sa vie, ou tentait de la gagner. Il savait capter l'attention de l'auditoire, quoiqu'il racontât.

- Le boulot avait été préparé au top, je n'avais rien laissé au hasard.

Il avait effectivement tout organisé, planifié, et retenu. L'heure à laquelle le premier employé, le plus consciencieux, arrivait. L'heure à laquelle le dernier, désinvolte, accourait, essoufflé. C'était lui qu'il ne fallait pas manquer : il représentait le sésame, le billet d'entrée. Le travail ne pouvait que se dérouler parfaitement, ces employés de bureau étaient bien éduqués, c'était toujours la même qui embauchait la dernière. Elle aurait mérité un pourcentage, elle lui facilitait la tâche en lui donnant le top départ. L'heure d'ouverture pour les clients. Il avait même vérifié l'adresse du commissariat le plus proche. Non qu'il ait eu l'intention de requérir l'assistance de la police pour l'aider à dévaliser la banque, et il ne pensait pas non plus être agressé ce jour-là, mais plus l'action était située loin d'un commissariat, et plus ils étaient réticents à se déplacer pour un simple contrôle de routine suite à un appel téléphonique pour une situation paraissant anormale, genre un concierge dont la seule occupation était de constater l'entrée dans la banque d'une dizaine de clients, et aucune sortie.

Sa ricoré avait suffisamment refroidi, Majid s'en délecta d'une gorgée et reprit :

- Répétition mentale avant d'entrer en action. Se poster avec la moto à une distance respectable, le carrefour au bout de la rue était parfait, quatre rues donc quatre possibilités de fuite, beaucoup de passage pour ne pas attirer l'attention, personne pour imaginer que nous étions en surveillance de la banque. Surveiller la porte arrière. Compter les employés. Vérifier leur visage au cas où un stagiaire vienne en extra, juste ce jour-là, mettre la zizanie dans l'organisation. Entrer avec la dernière employée. Aussitôt à l'intérieur, maîtriser les cinq employés. Tout se joue à ce moment-là, tu vois il faut être suffisamment rapide, efficace et ferme. Si t'es pas assez ferme et rapide, ils donnent l'alerte. Si t'es trop ferme, y a des coups qui pleuvent, donc des cris, donc la panique, c'est la catastrophe. Tu vois ce que je veux dire ?

Jacques opina de la tête. Majid reprit une profonde respiration et continua.

Vive la Récidive !

- Les tétaniser sans les paniquer, comme le serpent hypnotise sa proie. Ma première arme c'est ma cagoule, c'est un peu comme si elle symbolisait l'ange de la mort, ils voient la cagoule et ils sont paralysés. Ma deuxième arme c'est une voix autoritaire et sûre d'elle : " debout face au mur les mains sur la tête ". Et c'est seulement après que le flingue intervient, quand le boulot est déjà fait et qu'ils sont déjà soumis. Aussitôt après, tu relâches la pression. Tu ranges l'arme, tu les rassures, tu leur expliques que tu n'es là que pour l'argent, s'ils ne jouent pas aux héros, aucun mal ne leur sera fait. Si l'un d'entre eux se sent mal, tu lui apportes une chaise. Pas oublier de vérifier les poches pour les portables. Là tu vois, 70% du travail est bouclé. Il te reste juste à demander poliment les clés du coffre, la combinaison, te servir abondamment, rentrer à la maison tranquillement, enfin un peu rapidement quand même en sortant de la banque, et le soir, un bon resto pour fêter ça.

Jacques était étonné par l'allure de son orateur. Si l'on pense braqueur, on imagine le faciès patibulaire du pauvre hère vêtu de guenilles, la respiration caverneuse et sifflante, une tête de taureau furieux, la mâchoire portant une balafre de duelliste, le coin de la bouche se soulevant en un rictus hideux, les sourcils en broussaille, un furoncle se frayant un chemin parmi les accès d'herpès, les cheveux abîmés coupés en une brosse rase dégageant plus qu'il n'en faudrait deux larges oreilles plantées perpendiculairement au crâne. Il n'en était rien. Défiant son archétype, Majid MARROUCHE était de belle prestance, d'un extérieur toujours avenant, et offrait l'aspect d'un brave homme. Son strict survêtement gris et sa coiffure dégageaient une silhouette élégante et un visage d'une grande noblesse. Il maniait l'humour, le goût du mystérieux, et développait un sentiment profond des valeurs humaines. Un sourire, parfois vrai, souvent ironique, éclairait en permanence son visage où des yeux bleus particulièrement perçants reflétaient une lueur d'intelligence et de malice. Seul son nez aquilin, qui lui valait le surnom de "Corbeau", avilissait son profil. Les délinquants sont habitués à vivre dans l'ombre, ils ne s'identifient et ne s'interpellent que par un surnom. Peu savaient que « Corbeau » portait le prénom de « Majid ».

En remarquant que Jacques avait totalement décroché, Majid sembla se vexer :

- Ah cousin, je vois que tu ne m'écoutes pas. Tu penses à ta femme hein ?

- Non non, si je t'écoute, mais c'est vrai.......que je pense aussi à ma femme, lui répondit Jacques, gêné, pour s'excuser. Vas-y, continue, je t'assure, je t'écoute.

Majid n'eut pas besoin de se le faire répéter. De toute façon, il avait envie de parler, s'il avait un auditoire, tant mieux, s'il n'en avait pas, il s'en accommoderait, si l'auditoire était intéressé, tant mieux, sinon, il s'en accommoderait aussi.

- Au cœur de l'action tu vois, j'ai eu un doute.

Aussi incroyable que cela puisse paraître, Majid, en plein braquage, avait marqué une pause et s'était absorbé dans un silence mélancolique pour ruminer ses idées.

Vive la Récidive !

- J'étais de nouveau à la case départ, dans une vie qui m'échappait, un destin que je ne contrôlais pas. Encore une banque, encore un braquage. Un doute m'a pris en pleine action : mon âge ne se prêtait peut-être plus à ces conneries. Mais tu vois, il ne faut jamais laisser le doute s'installer. Le point de non-retour était franchi, j'étais à l'intérieur, qu'est ce que tu voulais que je fasse. Il me restait plusieurs possibilités : finir mon travail et m'enfuir avec l'argent, ou partir immédiatement sans l'argent, juste avant l'irréparable. Mais c'était déjà trop tard. Impossible de leur dire : " Stop, la blague est finie, c'était pas pour de vrai ", d'adresser un clin d'œil et tourner les talons comme si rien ne s'était passé. Et pourtant j'avais décidé de ne plus recroquer, mais comment tu fais pour vivre sans oseille dans une société ne vivant que par et pour l'oseille. J'ai assez connu le ballon, ces heures à la fenêtre, derrière les barreaux, à regarder ma vie se perdre, instant après instant, à déchiffrer le ciel, à essayer de capter un peu de lumière, un peu de soleil, pour tenter désespérément de retenir les morceaux de ma vie en fuite. Plus jamais ça, j'avais dit. Le destin m'avait devancé, j'empruntais encore la même voie. C'était pas une répétition, je baignais dedans. L'opération se déroulait correctement jusque-là. Le personnel se tenait debout face au mur, j'ai calmé la situation, mon pouls a repris un rythme normal.

Bien que Majid était naturellement pourvu d'un tempérament téméraire, au moment de surgir dans la banque avec le dernier employé, en attendant avec exaltation le moment propice, son cœur s'était emballé, sa peau avait transpiré et son estomac s'était resserré. Il avait eu conscience qu'en un instant toute sa vie basculait à nouveau, c'était une fracture irréversible, quelques minutes plus tard il serait riche ou prisonnier pour de nombreuses années. La sensation se rapprochait de l'angoisse ressentie par les étudiants lors d'un examen important. Est-il plus rassurant de tenir un 357 magnum ou un stylo ? La réponse n'est pas évidente car lorsque le braqueur doit utiliser son stylo, c'est de mauvais augure. Un imprévu survient toujours. La différence entre la victoire ou l'échec repose sur la réaction face à cet imprévu.

Le premier événement inattendu du jour surgit : le coffre-fort de la banque était équipé d'un retardateur de 45 minutes. A vrai dire, c'était un demi-imprévu puisque désormais les coffres étaient systématiquement protégés par un retardateur. Par chance, la première employée à avoir embauché ce matin-là était une bonne âme, elle avait involontairement pensé à lui et avait enclenché le retardateur sitôt son arrivée : cinq minutes plus tard Sésame s'ouvrirait. Le 2° imprévu survint. Le coffre du distributeur automatique de billets était lui aussi équipé du même dispositif. La situation se compliquait, les employés n'avaient pas eu la main généreuse, ils lui laissaient effectuer le travail. Sauf qu'il embauchait tard ce matin-là, cela ne lui facilitait pas la tâche. Quarante cinq minutes à attendre. Ce n'était pas insurmontable. S'il n'avait pas été repéré en entrant, il pouvait rester indéfiniment dans la banque, la seule limite étant l'exiguïté des locaux pour contenir tous les otages. Le souci était là : une banque est un commerce, un lieu fréquenté par des clients. Ce jour-là, la banque organisait l'opération opposée d'une journée portes ouvertes, chaque client franchissant le sas était retenu prisonnier, il se transformait en otage, au mur avec les autres. Majid se prépara à recevoir les invités. Il s'improvisait hôte pour les trois quarts d'heure à venir.

Majid marqua une pause dans ses réflexions, posa un regard désabusé sur Jacques, et dans un souffle las, continua de se libérer en paroles :

- C'est facile de braquer une banque, ou deux, ou trois, ou je n'ose avouer combien. Le peuple se réconforte en se laissant convaincre de l'impossibilité de la réussite. Le client se félicite de son choix, il est réjoui d'avoir confié son argent à une banque. Son argent y est en sécurité.

Cette idée amusait Majid. Chaque client demeurait persuadé que le risque de se retrouver au beau milieu d'une prise d'otages ne pouvait le concerner. Et le banquier, sentencieux et guindé, nouait son élégante cravate de ses doigts délicats qui ne seraient jamais entachés de violence.

- Les gens ont besoin de sécurité, compléta avec malice Jacques ROUSSIN, un bon franchouillard, conservateur, pour qui le respect des lois, de la morale et du civisme n'était pas un vain mot.

Celui-ci avait exercé toute sa vie durant le métier de professeur de mathématiques. Sa fonction avait forgé son caractère, rigide et intransigeant. A présent, son moral était en loques et son esprit en déroute. L'habitude émoussant les passions, il avait contemplé, lucide et résigné, sa vie conjugale plonger dans un gouffre sans fond. Pour apaiser la douleur que lui causaient ses désillusions, il s'était appuyé

Vive la Récidive !

sur quelques verres anodins d'alcool qui acquirent progressivement de la régularité et de l'ampleur. Un malencontreux accident de la circulation avait bouleversé le cours de sa vie. Il roulait tranquillement, avec sérénité, sans inquiétude. Un trajet sans surprise, monotone. Surgissant de nulle part telle un fantôme, une fillette était apparue devant son véhicule. Il n'avait pas eu le temps de freiner. Les os de la petite avaient été disloqués et brisés par le pare-chocs, sa cervelle avait giclé sur le pare-brise, son corps avait rebondit comme une balle de tennis et ses viscères s'étaient répandues sur la chaussée. Si fantôme il y avait, ce fut après le choc, car avant, il était bien question d'un petit être humain vivant. La prise de sang avait révélé que Jacques était dans un état d'alcoolémie avancé. Homicide involontaire, avait jugé le Tribunal, avec une circonstance aggravante car il avait déjà, par le passé, fait l'objet d'un retrait de permis provisoire pour alcoolémie au volant. Son couple, déjà largement décousu, n'avait pas résisté à sa mise en détention, sa femme avait immédiatement demandé le divorce. Il avait perdu toute dignité et présentait, cinq mois plus tard, l'aspect d'un freluquet défraîchi, mal fagoté, à la face vieillotte, taciturne, la bouche amère, le cœur gros. Il vivait reclus sur lui-même, perdu dans des pensées que l'absence d'alcool ne venait même plus égayer. Il ne lui restait que la lecture pour saupoudrer quelques pincées de rêve et de poésie sur une existence morbide et pitoyable.

Majid et Jacques, deux personnages que rien ne prédestinait à se rencontrer. L'un n'avait jamais intériorisé aucune loi, refusait de suivre les règles de la communauté. Il créait son existence au travers de récits d'aventures et d'écriture de romans décrivant des mondes anarchiques où sa fougue, sa détermination et sa témérité se transféraient facilement et pouvaient s'exprimer pleinement. L'autre n'avait jamais franchi une limite, s'était toujours protégé à l'intérieur des frontières sécurisantes érigées par la collectivité qui à présent l'avait banni ; seul, égaré, abandonné, il se réfugiait dans la littérature pour retrouver une complicité, une reconnaissance, une existence qui lui faisait cruellement défaut. Leur besoin semblable de tranquillité et de silence pour se recueillir dans la lecture avait poussé l'autorité pénitentiaire, dont l'art consiste à contraindre les détenus à une vie grégaire, à réunir dans une même cellule ces deux êtres aux profils opposés.

- Tous respirent la sécurité, tu as bien raison, reprit Majid. La vérité est qu'une banque s'assimile à un morceau de gruyère : il suffit d'allonger le doigt pour passer au travers.

- Mais.... Jacques n' eut pas le temps de terminer sa phrase que son compère l'interrompit.

- J'accorde un point à mes détracteurs : je fais le malin de derrière les barreaux, donc mon propre cas infirme mes dires.

- Il semblerait bien, confirma Jacques sombrement.

- Et ben contrairement aux apparences, pas du tout. Je te donne quelques explications. Je ne renie pas mes paroles, le coffre-fort d'une banque est comme le sexe d'une femme : inaccessible pour qui ignore comment aborder l'ascension, mais une caverne d'Ali Baba pour celui qui sait comment s'y prendre.

Vive la Récidive !

Majid, qui marchait de long en large, s'arrêta près de la fenêtre, contempla pensivement la fuite des nuages dans le ciel, eut un sourire rusé et cligna de l'œil en direction de Jacques.

- Le souci ne fut pas la première banque, ni la deuxième, ni même la troisième. La difficulté est psychologique. Et accessoirement matérielle. Tu retrouves le même processus dans l'accoutumance au tabac. Le fumeur invétéré sait qu'il augmente ses risques de mourir d'un cancer, pourtant il ne cesse pas son maigre plaisir nocif. Les fumeurs qui stoppent définitivement la cigarette n'agissent jamais par peur du cancer, une raison autre en est toujours à l'origine. Le déclic est psychologique : se prouver qu'on en est capable, changer ses habitudes de vie, qui bien souvent ne sont pas liées à l'usage ou non de la cigarette, satisfaire la demande d'un proche, en somme pour toutes les raisons imaginables excepté fuir du cercle vicieux avant d'y être happé.

Jacques, qui s'était levé pour se dégourdir les jambes, s'arrêta brusquement, esquissa un sourire forcé, puis se rassit avec désinvolture. Il écoutait distraitement, ce qui n'empêcha nullement Majid de reprendre.

- Ce jour-là je les ai sentis. Je savais qu'ils étaient là. Mais qu'est ce que tu voulais que je fasse ? Je n'allais pas tout planter sur une simple intuition !

Cette journée-là était restée gravée dans son crâne. Une impression indescriptible planait dans l'atmosphère. Une sensation d'hostilité régnait, inadéquate avec le calme ambiant. Il se sentait un barracuda égaré dans un aquarium d'eau douce. Une voiture passait trop lentement. Un type restait suspendu à son téléphone trop longtemps. Pour parer au pire, il était sorti de la banque avec une otage. Dans les cinq secondes son associé surgissait sur la moto. Ils s'étaient enfuis comme un boulet de canon.

- Quand t'est sorti, c'est pas fini, continua Majid. D'abord faut s'éloigner de la zone sensible, puis après tu reviens sur tes pas pour vérifier que t'es pas suivi, et tu repars à toute vitesse, et enfin tu reprends une allure super normale en arrivant à proximité de la planque, comme si de rien n'était.

Ils avaient marqué une halte devant la porte du garage, il ne s'agissait pas d'attirer l'attention en exhibant une attitude d'individu patibulaire. Un dernier coup d'œil aux alentours, une pression sur le bip, la porte s'ouvrit lentement, centimètre après centimètre, des centimètres qui se mesuraient en instants interminables, dans la crainte d'ouvrir une boite de Pandore. Une dernière goutte de sueur, un dernier coup d'œil, les derniers tours de roue. Travail terminé. Ils étaient descendus au deuxième sous-sol. Son collègue posa la moto sur la béquille. Ils enlevèrent leurs casques, le sourire de la victoire rayonnait sur leurs visages dont les muscles se décrispaient progressivement. Il ouvrit la porte du box. Toujours la même monotonie apaisante à l'intérieur, il entendait le bruissement du vol d'une mouche en quête de lumière.

Soudainement la scène se transforma en tableau surréaliste, un champ de bataille remplaça instantanément leur havre silencieux. Des policiers surgirent de tous azimuts. Majid et son complice vaquaient en plein camp ennemi sans s'en être doutés. C'est toujours au moment où il relâche son attention que le prédateur, devenu proie à son tour, est vulnérable.

- Le pot de fer s'aide de l'arme de la surprise pour attaquer le pot de terre. Il ne prend pas grand risque, résuma Jacques, qui n'avait rien perdu de ses habitudes de synthèse moralisatrice que les profs assènent sentencieusement pour conclure toute conversation.

- Exact, soupira Majid. Puis il poursuivit :

- C'était il y a 18 ans. C'était la première fois que je tombais pour un gros truc. Ça peut paraître lointain mais pour moi c'était hier. Et pour cause, après le numéro de cirque qu'ils m'ont joué, j'ai quitté la salle de spectacle il y a sept ans. Onze ans de détention tu te rends compte. Onze ans plein pour un braquage sans un coup de feu, j'aurais mieux fait d'allumer tout le monde.

Il avait passé onze ans sans entracte. Deux premières années de calme relatif, à arpenter la cour, à modifier ses habitudes de vie, à ralentir son rythme biologique. Il n'avait plus aucune obligation, n'avait plus besoin de prendre une initiative, de réfléchir ou travailler. Il était logé sans payer de loyer, trois repas quotidiens livrés à heure fixe, nourrissants bien que laissant un goût détestable dans la bouche. Subir et suivre devint sa nouvelle devise imposée. Après environ deux années, son esprit indépendant avait rejeté ce carcan dans lequel il risquait l'étouffement. Il connaissait chaque marche, chaque couloir, chaque grincement de porte mieux que les derniers matons tout frais émoulus de l'école. Deux ans à entendre à tout propos la même réponse débilitante :

Vive la Récidive !

- Je ne peux rien faire, vous n'êtes pas sur ma liste, faites une demande au chef.

Il était saturé. Son cerveau n'était pas uniquement le siège des réflexes primaires manger dormir boire s'accoupler, il possèdait également une fonction raisonnement rationnel. Pourquoi devait-il subir le trépan et laisser son cerveau être lobotomisé d'une fonction qui le distinguait soi-disant de l'animal ? Il s'était rebellé, ne collaborait plus, n'acceptait plus d'obéir tête baissée. La conséquence immédiate avait été le mitar, le quartier disciplinaire où le détenu quittait le luxe de sa cellule : télévision, radio, promenade collective. Pour remettre un détenu dans le droit chemin, celui de la vie sociale, le système pénitentiaire le déshumanise un peu plus. Cela fonctionne probablement sur le papier, dans les rapports des ministres. A chaque séjour il avait abandonné dans son ancienne cellule les maigres agréments dont il bénéficiait. Les matons s'étaient délectés à s'acharner sur lui. La chasse était ouverte, pourquoi se limiter si la victoire est certaine. Ce fut une deuxième période de son séjour carcéral : l'épreuve de force.

Majid ricana :

- J'ai reçu plus de coups que j'en ai donnés, mais ce combat a meublé ma vie pendant un bon bout de temps. C'était un peu douloureux comme occupation mais toujours plus supportable que l'ennui. Souffrir c'est vivre. C'est mon jugement qui a mis fin à cette période. Trois ans et demi avec une vision limitée à quelques mètres. Partout où se portait le regard, des murs se dressaient. Et tu vois, c'est surprenant, mais le jugement constitue un premier pas vers la sortie. C'est l'histoire du verre d'eau à moitié plein ou à moitié vide, l'avantage d'être jugé c'est que tu connais la quantité qu'il reste dans le verre. Une longue peine est préférable à l'incertitude car tu t'organises en conséquence, tandis que préparer un voyage dont tu ignores la durée c'est une vraie galère.

Il leva les yeux au plafond, fouillant dans ses souvenirs.

- Mon univers n'en a pas été modifié pour autant, toujours du béton à perte de vue, c'est mon état d'âme qui a changé : je savais sur quel bateau je naviguais. Pour être plus exact, j'obtenais la confirmation de ce que je savais déjà, une condamnation c'est pas un billet de loterie. Le verdict on le connaît d'avance. L'addition est faite à l'envers. Mais si j'ai un peu compris ce qu'il raconte Freud, ben c'est que le cerveau est souvent en désaccord entre ce qu'il pense et ce qu'il ose s'avouer. Alors tu vas au jugement, et tu espères même si tu sais qu'il n'y a rien à espérer. Qu'est ce qu'on est con quand même.

Il secoua légèrement la tête, mais le mouvement semblait ne plus pouvoir cesser, comme si son cou était devenu un ressort. Son esprit était ailleurs.

- Le changement véritable s'est produit à quatre ans et demi, lors de mon transfert de la maison d'arrêt en centre de détention.

A l'époque, il parlait depuis si longtemps, avec les autres détenus, du centre de détention sans jamais l'atteindre qu'il s'imaginait un eldorado fantasmagorique.

- Un surveillant a ouvert la porte, m'a dit de préparer mes cartons. Bien que je l'attendais depuis une éternité, cette nouvelle m'a surpris. Mon nom était inscrit sur la liste, enfoiré de lui.

Vive la Récidive !

L'inaccessible papier avait enfin été paraphé par le chef, une entité sans visage, interchangeable, symbolisé et repéré par des épaulettes aux barrettes dorées. Comparer un centre de détention et une maison d'arrêt, c'était comme comparer le Club Med et une usine. Rien de moins. Dans l'esprit d'un détenu, c'était ressenti comme une demi-liberté. Depuis des lustres que les institutions judiciaires jugeaient des hommes, emprisonnaient des détenus, et relâchaient des délinquants, le système carcéral était rôdé. Parfaitement rôdé même au vu du faible pourcentage de suicides.

- Imagine apprendre subitement que tu vas passer les dix prochaines années de ta vie en prison. Bon, tu te dis, il braque des banques, il sait ce qui l'attend, mais pas du tout mon gars, parce que si tu étais persuadé de tomber un jour, ben tu resterais peinard chez toi. L'esprit humain est optimiste je te dis, il espère toujours trouver une solution. Alors à ton avis, comment on fait pour supporter les années à venir ?

La question ne manquait pas d'intérêt. Jacques n'avait pas de réponse à formuler. On n'enseignait pas ces choses-là à la fac. Ce problème peu mathématique trouvait sa solution dans les objectifs intermédiaires : l'attente du jugement, puis le départ en centre de détention, puis la perspective d'une sortie anticipée. Lorsque le cerveau était mis devant le fait accompli, une grande partie de la peine était effectuée, le plus dur avait été supporté, l'espoir pouvait se maintenir. Ôtez à un homme ses espérances et il meurt. La mise en détention se comparait à un coup de massue. Une massue qui frapperait trop fort sur un crane le briserait. Pour éviter cela, le système judiciaire assénait le coup de massue progressivement. La punition se terminait par une légère irritation avec un fétu de paille : lorsque la sentence définitive tombait, la sortie se profilait derrière les remises de peine et les aménagements de peine. Tous comptes faits, peu de cranes étaient fracassés. Trop, mais finalement peu.

- Voilà mon histoire, tu vois, souffla Majid sans vigueur.

L'histoire d'un film trop réel, d'une vie se résumant en quelques pages et quelques barreaux. - J'en suis ressorti, et j'y suis à nouveau. J'ai replongé mon gars, j'ai replongé.

Ce mauvais film lui collait à l'âme et ne le lâchait plus. Encore une lourde peine à venir. Encore de la souffrance. Encore un morceau de vie arraché et jeté aux abîmes. Jacques n'osait pas prononcer une parole. Son histoire personnelle lui semblait terrifiante, mais à l'écoute d'un tel scénario, il relativisait son propre malheur. Il se contenta de poser sur Majid un regard triste, compatissant, à la limite de la bienveillance. Majid continua à se confier.

- J'ai bien essayé de me ranger. J'ai peint quelques toiles, j'ai appris à peindre en centrale, mais je n'en vendais pas assez pour en vivre pleinement, alors pour payer le loyer, j'ai croqué des portraits dans la rue, les allées piétonnières, à proximité des terrasses de café, à la sortie des cinémas. Une vie de bohème dont j'ai essayé de m'accorder. Tu vois, le plus difficile, quand tu as eu le monde à tes pieds, est d'apprendre à quémander. Faire un portrait pour dix euros quand je faisais une affaire à cent mille euros tous les deux mois. Une idée m'obstinais. Et si je faisais un seul coup, juste pour me donner un coup de pouce. Un coup, un seul, pour respirer financièrement, ouvrir une petite galerie et me faire connaître. Et j'ai fini par le faire, le un seul coup. Ce fut si rapide, si facile, ça a résolu tant de problèmes, que je me suis dit qu'avec un deuxième, le dernier, je mettrais un peu d'argent de côté. Puis, après le deuxième, je me suis dit qu'avec un troisième, un seul, juste un dernier, je serais définitivement à l'abri du besoin. Pendant ce temps, les tableaux ne se vendaient toujours pas, alors pour agrandir la galerie, j'ai juste fait un quatrième coup, juste un. Et ça a continué. A la fin, le juste un était devenu juste un à la fois. Rigole pas, j'ai connu une équipe, en sortant d'une banque, ils entraient dans celle en face, de l'autre côté de la rue, des furieux j'te dis. Ça fait trois ans et demi que je suis sous mandat de dépôt, je suis jugé à partir de la semaine prochaine.

Durant cette semaine de jugement, et la suivante, Jacques n'osa pas trop questionner son codétenu dont le regard s'assombrissait de jour en jour. Il avait espéré pouvoir s'en sortir à bon compte car les policiers n'avaient réuni aucune preuve formelle contre lui, seulement des soupçons, des indices concordants, des présomptions de culpabilité. Ce n'était pas comme l'affaire précédente où il avait été interpellé en flagrant délit. D'autres détenus avaient insinué à l'oreille de Jacques qu'avec son passé judiciaire et seulement quelques indices, il allait replonger autant que s'il avait été pris la main dans le sac. Majid ne parla plus pendant deux semaines, il semblait abattu, puis un matin la porte de la cellule s'était ouverte, un surveillant anonyme, sans signe distinctif particulier, un uniforme bleu surplombé d'une tête d'épingle, a annoncé un changement de cellule. Majid avait tourné vers Jacques un regard de chien égaré, et avait tenté un sourire amer :

- Avec la condamnation que je viens de prendre, j'ai droit à un traitement de faveur, je bénéficie d'une cellule individuelle.

Il lui tendit sa main que l'autre serra chaleureusement. Majid ne l'impressionnait plus, il lui inspirait de la pitié, un pauvre bougre qui n'était jamais, à aucun moment, parvenu à maîtriser sa vie. Jacques aurait souhaité que cela se passe autrement pour lui, car en son for intérieur ne régnait aucune animosité, aucune haine, Majid avait les mêmes rêves que tout un chacun, les mêmes élans de sincérité, d'amour, mais la société était un train qui cheminait sur des rails et il était né à côté de la voie, n'était jamais parvenu à monter dans un des wagons. Jacques était pris de compassion, il regarda Majid s'éloigner.

Chapitre II

Moins d'une heure après, profitant d'être seul pour faire le ménage en grand, il fut à nouveau dérangé par l'ouverture de la porte. Même rengaine, un uniforme bleu avec un corps maigrelet qui s'agite à l'intérieur et annonce solennellement à la façon d'un héraut une nouvelle souvent sans intérêt, parfois majeure.

- Vous avez un arrivant, prononça la voix mécanique sans âme.

Vive la Récidive !

La trêve avait été de courte durée, pas même le temps de nettoyer la cellule. Pas moyen d'y échapper. Subir, subir, et se plaindre le moins possible.

Le nouvel arrivant semblait aussi perdu qu'un sou neuf dans une brocante. Jacques ne se sentait pas le courage de lui servir de tuteur, il avait bien assez de difficultés à gérer sa propre situation pour rester à flot sans sombrer. Ils restèrent chacun dans leur parcelle de cellule, évitant l'autre au maximum pour ne pas l'importuner, pour ne pas rajouter de désagréments supplémentaires à leur existence déjà compliquée. Les jours s'écoulèrent ainsi, dans un état de quiétude ennuyeuse mais apaisante. Jacques sortait peu en promenade. Il était partagé entre deux sentiments contraires. D'un côté, pour s'échapper de la cellule, respirer une bouffée d'air frais, il ne disposait que des deux promenades quotidiennes, une heure quinze le matin, une heure l'après-midi. D'un autre côté, le spectacle offert dans la cour de promenade était affligeant et il en revenait encore plus taciturne. La cour offrait le spectacle d'une société humaine dans toute sa bassesse et son désespoir. Un rassemblement de babouins avec pour seule règle primitive la Loi du plus fort. Pitoyable vision qui l'éloignait de l'humanité.

Un jour qu'il vagabondait comme un pauvre hère, il aperçut dans la cour mitoyenne, de l'autre côté du grillage, Majid qui marchait d'un pas dynamique, entouré de quelques gaillards à l'air décidé. Décidés à quoi, il se le demandait bien, entourés de béton et de grillage, toute aventure était vite étouffée dans l'œuf. Majid dominait le groupe sans volonté de sa part, le motif de son mandat de dépôt servait de modèle aux apprentis galériens. Il marchait en tête d'une formation pyramidale, son escadre se déployant de part et d'autre, légèrement en retrait pour laisser au chef naturel toute liberté de mouvement. Malgré cette gloire localisée, Majid n'hésita pas à piquer droit en direction de Jacques pour venir le saluer. Aller à sa rencontre était une grande marque de respect et de reconnaissance qu'il lui adressait, l'équivalent du PDG qui sort de la voiture dont le chauffeur ouvre la porte et fait un détour pour venir saluer le technicien de surface intérimaire.

- Comment vas cousin ? qu'il lui adressa sur un ton paternel mais amical.

Jacques haussa les épaules :

- La routine. Jamais rien de bien nouveau ici.

- Ça se passe bien en cellule ?

- Ça suit son cours.

- Ils t'ont remis un nouveau ?

- Ça n'a pas traîné, t'étais à peine parti qu'un arrivant a pris ta place.

- Il est bien ? Il te prend pas la tête ? Si t'as un souci t'hésites pas, je lui ferai passer le message par l'auxi que t'es un gars bien et qu'il joue pas les caïds. Tu sais les caïds de cité, faut pas se laisser impressionner, c'est des baltringues. Tu me le dis, t'inquiètes.

Jacques sourit. Il ne savait pas pourquoi mais apparemment il avait gagné un ami. Le pourquoi il le comprendrait plus tard, avec l'expérience de la prison, en démystifiant la façade dont se parait chaque détenu. Majid l'appréciait car il était lui-même, ne cherchait pas à cacher son échec derrière des habits d'apparat. Jacques conservait sa dignité avec simplicité, il s'accrochait pour ne pas sombrer.

Majid réfléchit un instant, silencieusement. Son regard perçant scruta le ciel comme pour y trouver une réponse. Il arbora un large sourire accueillant pour demander à Jacques :

- Ça te dirait d'être en triplette ?

Un cadeau comme celui-là ne se refusait pas. La triplette, nommée ainsi car elle accueillait trois détenus, jamais plus, était une cellule bien plus grande que la traditionnelle cellule individuelle où l'administration pénitentiaire entassait deux, voire trois détenus. La triplette était réservée aux privilégiés, car l'architecte des lieux n'en avait doté qu'une par aile, donc trois par étages, soit neuf par bâtiment, 45 pour la totalité de la prison, soit 135 détenus sur une capacité d'accueil officielle de 2 855 pour la plus grande maison d'arrêt d'Europe. Elle était si spacieuse que l'on pouvait marcher à l'intérieur, ce qui était inenvisageable dans un cellule classique d'une surface de 9 m² auxquels il fallait retrancher l'espace occupé au sol par les wc et leur symbolique muret de séparation, la table, l'armoire, le lit. Plus important mais non visible, à deux détenus seulement, on communique toujours avec la même personne. A trois, on nage en pleine diversité, on a le choix, et avoir le choix, en prison, est un luxe rare. Si l'un désire un peu de solitude, il peut s'isoler. S'il souhaite parler, une discussion peut s'entamer à deux ou trois. Trois détenus ont chacun le choix de communiquer ou pas. Il n'y a aucune pression. Être en droit de choisir, c'est être libre. Tandis qu'avec deux détenus seulement, au moins un des deux subit le choix de l'autre.

Jacques était surpris de la demande sans toutefois en mesurer l'aubaine.

- Heuu, oui, pourquoi pas.

- Alors tu fais une lettre au chef de détention pour dire que tu veux être avec moi, je m'occupe du reste, t'inquiètes.

Mahjd n'avait pas menti. Il ne mentait jamais, il avait sa fierté de braqueur. S'il parlait, il agissait. Quelles qu'en soient les conséquences, c'était bien là son problème. En prison, ce comportement était un avantage. Majid était respecté car il était franc, il ne préparait pas de coup en douce, il agissait ouvertement car il ne craignait rien. Trait de caractère propre aux nobles chevaliers, aux héroïques indiens d'Amérique .... et aux chiens d'attaque. Quatre jours plus tard, les lettres était passées entre les mains du vaguemestre, du chef de détention, puis étaient redescendues jusqu'au surveillant d'étage pour application immédiate. A l'échelle du temps pénitentiaire, un délai si court pour un trajet si long équivalait à un transport Chronopost par navette spatiale. Pour un détenu tel que Majid, l'administration sortait la fusée. Il faisait partie de ces personnages influents avec lesquels la pénitentiaire acceptait de négocier malgré la différence apparente de pouvoir. Majid, c'était comme le chef d'un puissant syndicat, un sans-dent certes, dirait un Président, mais un sans-dent avec beaucoup de petites mains pour l'épauler. S'il ne demandait pour tout avantage qu'une cellule triple, autant la lui donner plutôt qu'à un autre. Les représentants des grands syndicats ont rarement besoin d'utiliser les services de leur comité d'entreprise pour partir en vacances : ils croulent sous les invitations !

Jacques était sidéré de la rapidité et l'efficacité de l'intervention de Majid. Lui qui demandait depuis plusieurs mois un rendez-vous chez le dentiste sans avoir obtenu satisfaction. Et pas une triplette de seconde zone, non non, le vrai modèle qui fait des envieux, en bon état, propre, et vide. Une triplette rien que pour eux deux. Jacques pénétra de bon cœur dans sa nouvelle cellule. Entouré d'une hostilité permanente, le moindre sentiment bienveillant était appréciable. Majid l'accueillit d'un grand sourire. Il s'était déjà installé, avait pris le meilleur emplacement, le lit le plus isolé au fond. C'était de bonne guerre. Il restait à Jacques le lit près de la porte, où l'on était dérangé à chaque ouverture, et le lit du milieu, en plein passage. Il choisit la porte. Il endossait le rôle du préposé à l'ouverture, du majordome, en remerciement à l'appui que Majid lui accordait à lui, le primaire jamais condamné, le non-récidiviste, le non-délinquant, un cas social en somme, un inadapté pénitentiaire.

Après autant d'agitation, la routine repris son cours, attente, porte qui s'ouvre, attente. Jacques savait que Majid avait envie de parler de son passé. Il avait vécu plus de temps derrière des barreaux que libre, raconter ses dossiers lui octroyait un supplément de temps libre pris sur la détention. Majid était pudique, il ne se répandait pas en lamentations, et doté d'un minimum d'empathie, il n'utilisait pas son colocataire comme déversoir de ses misères existentielles. Ce fut donc

Jacques qui l'invita à reprendre le cours de son histoire entamée quelques semaines plus tôt.

Chapitre III

- J'ai réfléchi à ce que tu m'avais dit à propos de ton affaire. La première fois les flics te sont tombés dessus dans ta planque après un braquage, mais je ne me suis jamais expliqué comment ils avaient pu faire pour être sur place avant toi ?

Majid haussa les épaules. Il se replongea dans son passé, prit une profonde inspiration, esquissa un sourire.

- Lors du repérage. Un employé de la banque, je ne sais pas lequel, a prévenu les flics que je rodais dans les environs. J'étais pas inquiet, j'avais un taf, pas de fiche, pas besoin de prendre trop de précautions, au pire j'étais bon pour un contrôle d'identité. Mais là où j'ai déconné, c'est que j'avais déjà braqué une dizaine de banques dans les environs en moins d'un an, alors au lieu de venir me contrôler, ils m'ont suivi ces enfoirés.

- Ils ne t'ont quand même pas suivi tout le temps depuis le repérage jusqu'à laisser faire le braquage ? s'étonna Jacques.

- Si, soupira Majid. Quatre mois de filature.

- Tu veux dire qu'ils ont laissé faire un braquage alors qu'ils auraient pu t'interpeller avant ?

- Ouais bien sûr, pour être certain d'avoir un flag. Sinon ils avaient quoi ? Suspicion d'avoir l'intention de commettre un braquage et suspicion d'en avoir commis dix autres. Si j'étais innocent, ils me collaient une peine bâtarde, entre-deux, parce qu'ils n'avaient rien de concret, mais si j'étais coupable, j'avais donc du blé, et avec un bon avocat, je passais au travers. Tandis que là, ils ont un braquage en flagrant délit, et suspicion de dix autres avec le même mode opératoire. C'est dans le sac.

- Mais tu ne t'es jamais douté de rien ?

- Penses-tu. J'ai rien vu venir. Tout était normal, comportement du personnel de la banque normal, les clients pris en otage normal. Ça ne se simule pas le regard de peur des otages.

Jacques restait hébété de ce qu'il apprenait. Ainsi, la machine judiciaire pouvait laisser se perpétrer un acte criminel pour constituer un dossier bien ficelé. Et si des coups de feu avaient été tirés ? Qu'un otage ait été tué ? Les policiers auraient-ils expliqué à la famille de la victime que le décès de leur proche aurait pu être évité, mais que le dossier du procureur aurait été moins étoffé, tandis que là, ils avaient un flagrant délit plus un homicide volontaire, le compte du malfaiteur était réglé ? Triste compensation. La vérité aurait été toute autre évidemment. Faisant preuve de pragmatisme et d'hypocrisie, ni la police ni le magistrat qui suivait le dossier et avait donné l'autorisation pour les écoutes téléphoniques n'auraient révélé l'existence dudit dossier, et les familles des victimes n'auraient rien eu à leur reprocher.

Vive la Récidive !

Chaque métier dispose de ses ficelles inconnues des non-initiés. Jacques comprenait la situation :

- Les clients qui sont entrés jouaient parfaitement leur rôle puisqu'ils n'étaient au courant de rien.

- Exact. La première cliente, je me rappelle même de son nom, elle s'appelait Marjorie.

Il s'en souvenait comme si c'était hier. La banque avait informé Marjorie que son nouveau chéquier était à sa disposition. Avec l'insécurité qui régnait naguère, elle préférait récupérer personnellement à l'agence un document sensible que le recevoir à domicile par courrier. Les boites aux lettres sont ouvertes à tous vents. Elle monta les marches de l'agence bancaire, des marches récemment carrelées, d'un gris sinistre et peu accueillant. Elle enfonça le bouton de la sonnette, la lumière rouge s'éteignit, la verte s'alluma, elle poussa la lourde porte et pénétra dans le sas. Elle attendit que la porte se referme derrière elle et scruta l'intérieur désert de la banque, n'y discernant pas la moindre trace d'activité.

- Et c'était parti, s'emporta Majid, voilà que ça sonnait à la porte d'entrée. Ça c'est une galère. A chaque coup de sonnette, t'as le stress qui monte.

Le coup de sonnette, dissipant dans la tête du malfrat l'euphorie des premières étapes franchies, résonna dans la quiétude de cette matinée comme la trompette du jugement dernier. Coincée dans le sas, sensation qui lui avait toujours fort déplu, Marjorie appuya sur la deuxième sonnette. Une employée accourut d'un pas fébrile, mal assuré, et ne daigna pas lui accorder un sourire. Marjorie tira la deuxième porte en s'arc-boutant, s'apprêta à se diriger d'un pas décidé vers le guichet, vers cette employée peu affable. Elle n'eut pas le temps d'émettre une remarque à son intention qu'une main puissante la saisit, la déséquilibra, l'entraîna sur le côté. Simultanément une voix bourrue lui intima l'ordre de rester tranquille.

- Tu causes pas de problème et il t'arrivera rien.

Son interlocuteur avait le visage cagoulé. Il brandissait une arme.

- Tu te mets face au mur les mains sur la tête, je ne veux pas t'entendre, beugla-t-il.

Il joignit le geste à la parole, la poussa sans ménagement en direction du mur. Marjorie songea à l'homme de sa vie, il lui manquait encore plus en cet instant qu'à l'accoutumée.

- A quoi penses-tu, éructa l'inconnu cagoulé, voyant que la belle semblait pensive.

A quoi pouvait-on penser dans une telle situation ? En tout premier lieu à s'enfuir, raison pour laquelle Majid n'aimait pas les penseurs et penseuses.

- A ma famille, révéla-t-elle à regret, cherchant à dévoiler le moins d'informations personnelles possibles.

- Tu as des enfants ? continua-t-il incisif.

- Non, répondit-elle d'une voix dolente.

- Alors tu penses à ton bonhomme, affirma-t-il.

- Heu, oui, bégaya-t-elle.

- Hé bien raconte-nous, ça fera passer le temps, persifla-t-il.

Vive la Récidive !

Il fallait qu'il contrôle la situation, il ne devait pas la laisser échafauder un plan. Elle était pétrifiée et n'avait pas la force de parler. Elle se sentait trop faible. Majid la dévisagea, la détailla de la tête aux pieds, jaugea la véracité de son effroi. Elle avait piètre figure. Le prédateur évaluait sa proie. Il observait une femme n'ayant pas encore franchi la trentaine, svelte, élégante, qui laissait une impression de grâce et de fluidité dans chacun de ses gestes. Derrière la frayeur, son allure dégageait une impression attirante et émouvante, sa chevelure brune traversée de reflets auburn rendait plus lumineux ses yeux d'un vert d'émeraude, pleins de franchise, pétillants d'esprit, ornés d'un fin trait de mascara noir. Le timbre de sa voix, affecté et langoureux bien que chevrotant en raison de la particularité du moment, s'alliait harmonieusement à son expression de divinité pétrie de générosité. Ses mains, grandes et minces, se mouvaient aussi délicatement que des mains de danseuse indienne sacrée. Elle portait une veste de jean sur un chemisier à motifs floraux et était entrée dans le sas en effleurant le sol de ses ballerines colorées. Une écharpe turquoise ceinturait plusieurs fois son cou et se mariait harmonieusement avec le bleu pastel de son pantalon en crêpe. Des effluves envoûtantes avaient accompagné sa sortie du sas, un air fruité de légèreté et de passion. Majid ne céda point à l'appel du charme.

- Détends-toi, laisse-toi aller, on en a pour un bon moment, ça va te détendre de parler, où tu l'as rencontré ton superman ordonna-t-il d'un ton professionnel, autoritaire.

Vive la Récidive !

- Nous nous sommes rencontrés chez des amis communs, parvint-elle à bredouiller, ne comprenant pas où il voulait en venir.

Elle garda pour elle les détails romantiques. A quoi bon s'épancher sur son coup de foudre.

Des amis. Des amies. Des relations. Un travail. Des loisirs. Des sorties. L'indépendance. La tranquillité. La sérénité. Son compagnon et elle-même possédaient toute la panoplie de la personne comblée. Ils étaient tombés amoureux à leur insu. Sur chaque sujet, tandis que l'un posait une question sans connaître la réponse, l'autre répondait sans avoir entendu la question. Pour chaque émotion, les besoins de l'un comblaient ceux de l'autre. Ils avaient même tenté sans succès de fuir cette passion naissante.

- Nous ne l'avons pas choisi, ça nous est tombé dessus comme ça, avoua-t-elle.

- Et ... enchaîna Majid, simulant un intérêt.

- On a passé une soirée ensemble chez des amis communs.

Cette soirée uniquement car dès le lendemain ils avaient eu soif de retrouver la tranquillité de leur oasis, de se cocooner dans la sécurité de leur petit confort individualiste. Mais ils n'avaient pas tenus la journée. Le jour d'après ressembla au jour précédent. Les jours s'étaient succédé et ils avaient du se rendre à l'évidence : ils s'abreuvaient à la même source. Ils s'en seraient volontiers dispensés, rien de tel qu'un alter-ego pour troubler un équilibre égoïste.

Finalement, Marjorie se mit à parler pour oublier sa peur.

Vive la Récidive !

- Nous nous sommes complétés sans l'avoir désiré. Il me rassurait, je lui apportais de la joie de vivre.

La situation s'était encore compliquée lorsque ils réalisèrent qu'ils buvaient à la source l'un de l'autre. Chaque absence de l'un assoiffait l'autre. Leur âme avait perdu son identité, leur corps s'était redéfini, il englobait à présent les deux corps.

- Vous vous battiez côte à côte, compléta Majid, pensif, et peut-être aussi un peu envieux.

- Oui, nous étions deux à combler des besoins devenus doubles.

Chacun affirmait avec détermination son indépendance et la maîtrise de sa vie, mais elle n'osait compter depuis combien d'années un même but les dirigeait sur le même chemin, de peur de se sentir soudainement aussi vieillissante qu'une aïeule. A chaque instant qui s'écoulait, il pensait à elle, elle n'errait plus seule, égarée, et cela la rassurait. Tous les soirs à 19h15, il revenait du travail, sortait du métro, venait à sa rencontre, elle le sentait venir avant qu'il n'apparaisse, elle l'imaginait avant de le sentir. Quelques minutes plus tard, il ouvrait la porte, lui souriait, la prenait dans ses bras. Se sentir aimée envahissait sa vie, être à ses yeux la femme la plus désirable au monde la rendait heureuse. S'endormir lorsqu'il se serrait contre elle était un bonheur. Les nuits abritent les cauchemars les plus affreux, ou sont le siège de la félicité la plus douce, selon les cas. Elle se blottissait contre lui, le plus possible, chaque centimètre de sa peau en contact avec son corps, et s'il tentait de l'ignorer, elle le capturait en lui imposant sa sensualité. Jamais elle ne s'était contentée de le contempler, soumise, se réfugiant dans sa solitude à l'autre extrémité du lit ! Elle se reconstituait durant ces nuits de béatitude et emmagasinait l'énergie nécessaire pour affronter la journée suivante. Finies les nuits d'interrogation, de questionnement, de doute, il ne lui livrait aucune réponse, mais sa présence, sa chaleur, son amour lui livraient les certitudes dont elle avait besoin, comblaient un vide, un désir d'amour. On ne s'interroge pas, quand le bonheur frappe à la porte, on évite de questionner, on profite avidement, goulûment, le temps s'efface, le bonheur ne connaît pas de limite. La tête lui tournait depuis qu'elle l'avait rencontré, ses sens étaient exacerbés, elle ne parvenait pas à se projeter dans l'avenir.

- Dans ton monde à toi, on croit au bonheur ! se moqua Majid.

- Pourquoi le bonheur devrait-il cesser ?

- Parce-que c'est une utopie bourgeoise.

- Vous avez raison sur ce point, souffla-t-elle. Son visage s'assombrit.

Quelle idée saugrenue avait-elle eu, ce jour-là, de plonger la main dans la poche du blouson de son grand Amour ! Elle n'avait pas eu l'intention de fouiller, pourquoi l'aurait-elle eue d'ailleurs, puisque entre eux régnait une confiance sans bornes. La perfection n'a pas besoin de se réfugier derrière le mensonge. Ils s'aimaient trop pour qu'elle ait besoin d'être suspicieuse. Elle n'avait donc été surprise de trouver un billet de train dans sa poche. Il l'avait prévenue qu'il se rendait dans sa famille le week-end suivant.

- En famille, voyez-vous ça, railla Majid. Au chevet de sa mère malade tant qu'on y est.

- Souvent il s'octroyait de telles escapades car il appréciait un retour régulier aux sources.

Vive la Récidive !

Mais une erreur s'était glissé sur le billet quant à la ville de destination.

- Et tu y crois, à ces conneries ?

A ces paroles, elle baissa les yeux, honteuse de sa naïveté. Elle se rappelait ces événements comme s'ils s'étaient produits la veille. Une vague de doute sourdait au loin, sournoisement, comme un raz-de-marée préparant son attaque dévastatrice. Elle avait obéit à son intuition, avait acheté un billet pour la même destination, mais une demie-journée plus tôt. Elle avait téléphoné à la famille de son concubin qui lui avait répondu évasivement. Et puis la catastrophe était arrivée.

Elle avait reçu un choc, une sensation physique, pas seulement une image, mais un déchirement réel, en le voyant sortir du train et une femme se jeter dans ses bras. Un son d'outre-tombe comme le grondement sourd de la terre aux approches d'un volcan, qui frémit sous la ruée des laves se pressant pour en jaillir, s'échappa de ses entrailles. Le temps s'immobilisa, l'image se figea, elle fut incapable d'un mouvement, d'une réaction, elle ne ressentait plus son corps, il lui était impossible de comprendre, il n'y avait rien à comprendre, ce que ses yeux lui livraient n'existait pas. Elle eut mal dans son corps qui s'insensibilisa, s'éloigna, disparut. Elle n'était plus en elle-même. Elle aurait ressenti une sensation identique en traversant une route sans regarder. Elle aurait pris une profonde inspiration, se serait apprêtée à traverser, aurait avancé d'un pas du trottoir vers la route, un camion lancé à toute allure n'aurait pas eu le temps de la voir, il aurait happé la moitié de son corps, l'autre moitié serait restée là, sur le trottoir, hébétée, ne sachant que faire, ne pouvant agir. Comme si un géant, d'une main puissante, d'un geste vif et précis de chirurgien, lui avait arraché les cordes vocales, elle n'aurait pu crier malgré la douleur. La seule sensation ressentie aurait été un vide immense. Elle se serait assise à la terrasse d'un bar, elle aurait ignoré comment elle en était arrivée là, elle aurait supposé avoir perdu l'équilibre et une main inconnue l'avait secourue et aidée à s'asseoir. Peu importe.

- C'était il y a six mois, sanglota-t-elle.

Sa vie l'avait quittée ce jour-là. Elle l'aimait trop. La séparation l'avait détruite. Elle ne parvenait pas à refaire surface, elle pleurait sans cesse, elle était apathique, elle qui auparavant riait du matin au soir et débordait d'énergie. Les jours s'étaient succédé mais les matins s'étaient effacés, les soirs s'étaient volatilisés, il restait une soupe informe, les débris d'une vie, déposés en vrac comme un paquet de linge sale.

- La vie dans toute sa splendeur, conclut Majid en connaisseur .

- Oui. Depuis je me rends au travail le matin en pleurant, je retiens mes larmes toute la journée, je rentre le soir en pleurant.

Ses amis les plus proches l'invitaient pour lui changer les idées, dîner au restaurant, faire les magasins, voir un film au cinéma, sortir danser, mais ses idées lugubres la rendaient aboulique. Elle était même parvenue à pleurer en dansant avec un garçon qui devint rouge de confusion, ne sachant comment s'échapper.

- Bienvenue au club des exclus.

- Je suis fatiguée, je m'assoupis sans cesse, sans vraiment dormir. Je suis incapable de réfléchir. Je me réveille le matin plus fatiguée que la veille.

Elle s'enfonçait, elle s'enfonçait, et sa chute ne semblait pas connaître de fin, alors elle pleurait encore, désœuvrée et indolente. Elle avait perdu son identité, elle ne savait plus qui elle était, elle ignorait qui reconstruire. Comment, pourquoi se reconstruire sans lui. Elle voulait qu'il sorte définitivement de sa vie car il était volontairement la source de ses souffrances, mais son bonheur demeurait auprès de lui. Pourquoi l'avait-il sauvagement assassinée avec perfidie alors que lui aussi goûtait la félicité ?

- Ça te passera, asséna Majid en guise de remède infaillible.

- Je ne sais pas. Il a tenté de se justifier, je ne l'ai pas écouté, je ne lui ai pas demandé la raison. Mes yeux ne m'avaient pas trompé.

Aucune excuse n'avait infléchi son refus de clémence. Il n'était plus l'emblème de son épanouissement, le complément de son âme, la marche joignant la perfection. Elle avait autrefois construit son couple avec ce qui était aujourd'hui un souvenir, et son paradis passé appartenait à un rêve. Elle ne voulait plus de ce mécréant qui s'était enfoui un soir avec sa vie dans un hall de gare. Celui-ci était vulgarité et duperie, et l'autre, celui de ses souvenirs, était perdu à jamais. Cet autre qui seul pouvait la comprendre, la soutenir, l'écouter, l'aider. Elle avait besoin qu'il l'aide à le quitter. Que lui importaient les événements qui se déroulaient dans cette banque, elle touchait déjà le fond, sa situation n'empirerait pas, elle ne pouvait que s'améliorer.

Vive la Récidive !

Elle obéit aux injonctions de son braqueur masqué, elle s'exécuta et suivit sa nouvelle ligne de conduite : subir des événements qui lui échappaient.

Jacques écoutait paisiblement. La voix caressante de Majid le rassurait, elle l'emmenait au-delà des murs, dont il appréciait pourtant l'espace inestimable offert par la triplette. Il se rappelait son ancienne cellule avec ses murs si proches qu'ils contraignaient les corps à des mouvements lents et calculés. Tout mouvement brusque se soldait par un heurt. Le corps avait appris rapidement. Ils avaient passé au pire la totalité de leurs journées dans ces 9m², au mieux la majorité. Le souci reposait sur le fait qu'ils étaient deux à partager cette boite exiguë. Quel homme n'a pas rêvé d'être enfermé dans une pièce avec une femme parfaite ? Aussi étrange que cela puisse paraître, ceux qui ont eu la chance de vivre réellement cette expérience se sont étonnés au bout de quelques jours d'avoir eu envie de changer d'air, de rencontrer d'autres têtes, et ce quel que soit le charme de l'hôtesse. L'esprit est ainsi agencé qu'il réclame des changements pour ne pas sombrer dans l'ennui, devenir mélancolique, puis taciturne, irrité, et enfin franchement agacé. En imaginant que la femme merveilleuse soit remplacée par un barbu, l'image qui se profile était nettement moins sensuelle. Les jours se succèdent, les semaines, les mois, la vision du barbu ne vous quitte plus, la situation devient parfois insupportable et aucune solution n'autorise un break, pas même la pause pipi : les toilettes sont dans la même pièce, avec pour toute séparation un petit muret. A tout instant une paire d'yeux épient vos moindres gestes sans que vous puissiez vous isoler, aucun recueillement n'est possible si vous désirez un peu de tranquillité et de solitude. La situation se corse lorsqu'une communication s'établit. Tout sujet de discussion tourne autour d'un centre d'intérêt commun. Le principal sujet d'anxiété du prisonnier est sa date de libération. Le premier détenu parle de sa date de sortie au deuxième qui s'en moque car il est préoccupé par sa date personnelle. Donc le deuxième n'écoute pas le premier et lui répond en lui parlant de sa propre date. Deux monologues miroirs. Toutes les possibilités de sortie anticipée sont connues des détenus, jusqu'à celui qui ignore sa table d'addition mais peut calculer instantanément la date de sortie correspondante à telle condamnation, avec telle remise de peine, tel aménagement de peine, incluant, si nécessaire, d'hypothétiques combinaisons avantageuses non encore parues au Journal Officiel. Parfois les détenus doivent calmer leur ardeur car ils obtiennent à la fin de leurs calculs savants plus de jours de remises de peine que la durée de la condamnation. Merveilleux pouvoir de l'esprit. Ainsi se déroulent les journées, de discussions soûlantes en ennui mortel, toujours sous l'œil d'au minimum une personne.

Majid émit un soupir de lassitude et s'allongea sur son lit. Les jours s'écoulaient ainsi, monotones et vides. Il se releva aussitôt avec un élan un peu brusque. Jacques tourna la tête, les sens à l'affût, telle une proie prête à fuir le danger. Majid descendit de son lit, s'avança vers son armoire. Jacques s'interrogeait. Majid sortit de l'armoire son paquet de "Bonux main". Il n'avait pas eu de parloir la semaine passée, donc pas de livraison de vêtements propres. Il en était quitte pour une lessive de dépannage. Il posa la lessive sur l'évier et accrocha un bout d'une rallonge électrique à un barreau et l'autre extrémité au support de la télé.

- La redécouverte du système D, fit avec un sourire volubile Jacques. Les poubelles de nos sociétés de consommation sont gorgées de merveilles dont nous ignorons la valeur. Tout nous incite à consommer, les publicités, la facilité, le manque de temps. Il n'est même plus nécessaire d'entrer dans le petit magasin en bas de l'immeuble, nous pouvons maintenant commander par internet. A quand la commande par transmission de pensée, ou plutôt de désir, car la pensée tend à disparaître de nos cerveaux conditionnés.

Privés de biens de consommation derrière leurs barreaux, d'autres solutions s'imposaient, qui, avec un peu de réflexion, s'avéraient plus efficaces, économiques et rapidement mises en œuvre qu'en utilisant sa carte bancaire. Une fourchette bien placée bloquait le robinet du jet de douche, un gant de toilette autour d'une pomme de douche vieillissante recentrait le jet, une paire de claquettes en plastique évitait les mycoses aux pieds dans les douches. Une rallonge électrique sur laquelle on étendait un drap s'accommodait d'un usage de mur de séparation pour les toilettes. Tous les emballages étaient réutilisés. La bouteille en plastique servait de pot à stylos, à couverts. La boite de Ricoré, en rembourrant les parois intérieures avec des feuilles de papier essuie-tout, était un parfait étui à lunettes. Un cintre supportait le papier toilettes aussi bien qu'un dérouleur officiel. Le rideau de la fenêtre était un drap fixé par des pinces à linge. Le dentifrice se révélait excellent pour coller les posters au mur. Le fil à coudre faisait office de fil dentaire, à condition de troquer ses mains de maçon contre des doigts de pianiste car il n'offrait pas la même résistance. Etc, etc, il existait autant de solutions que de problèmes, mais le plus important était la façon de penser qui se modifiait. Au lieu de vouloir payer pour obtenir, on acquérait le réflexe de réfléchir pour obtenir.

Majid approuva avec une moue ironique :

- Nécessité fait loi. Tu l'as dit, on est bien obligé de changer nos habitudes, on n'a pas trop le choix.

Honteux d'avoir autant discouru, Jacques chercha une transition pour redonner la parole à Majid.

Chapitre IV

- Tu t'es arrêté en cours de route, mais dans ta banque, avec la cliente qui t'as pris pour son psy, ça s'est passé comment ?

Majid sourit en repensant au deuxième client qui était entré. Jamais de sa vie Charles n'aurait pensé vivre une telle scène en se rendant à sa banque.

- Salut grand-père, l'apostropha Majid méconnaissable avec sa cagoule qui lui recouvrait tout le visage.

Il le tira vigoureusement par la manche de son pardessus.

- Tu te colles au mur avec ta collègue et tu fais comme elle, tu nous racontes gentiment ce que tu fais dans la vie.

Vive la Récidive !

Charles découvrait une situation inédite, insolite. Pris au dépourvu, il obéit, imita la jeune femme face au mur les mains sur la tête. Il était abasourdi, hagard, il perdait sa prestance, et malgré son costume en lin, à trois boutons je vous prie, coupe croisée, et son élégante chemise jaune sur laquelle reposait une cravate marron qui s'harmonisait avec les chaussettes Walt Disney dont son petit-fils, conscient de la nécessité d'égayer sa décrépitude extérieure, lui avait fait cadeau. Il sentit que toute la laideur de son être s'exposait, impudique, à la vue de tous. L'embonpoint de sa panse, la cinquantaine avancée d'un corps négligé, ses cheveux ternes et dégarnis pendant mollement et où luisait un crane irrégulier et blafard, son visage austère, trop ridé, déshydraté, au teint maladif, et les auréoles de transpiration aux aisselles qui tâchaient sa chemise, expulsaient un soupir de compassion à l'égard du triste spectacle qu'il offrait à contempler. Il se sentait gras, vagissant comme un veau trop bien nourri mené à l'abattoir.

- Et bien alors, j'attends, raconte-moi ta journée-type, éructa Majid.

Le soleil du matin filtrait à travers les vitres de l'agence bancaire et traçait des raies lumineuses sur les murs. L'air bourdonnait du vol des mouches, le bourdonnement affairé du matin.

- Hé bien, heuu tous les matins, je me rends ...... au bureau. En arrivant heuu, je prends un café.

Il n'était pas un adepte de la caféine, mais c'était un rituel social qui permettait d'engager la conversation avec les collègues et partager les idées de la nuit, faire le point sur les pistes en cours, et accessoirement recueillir une nouvelle inspiration. La réunion imprévue quotidienne autour de la cafetière permettait également d'affirmer son identité sociale. Il était passionné par son métier et s'y impliquait tant qu'il avait l'impression d'être un étranger à sa propre vie.

- C'est quoi ton boulot ? lui intima le malfaiteur.

- Je suis physicien, bafouilla Charles d'une voix chevrotante.

Il était sans cesse tiraillé entre sa passion pour l'astrophysique et les nécessités matérielles qu'entraîne tout travail de recherche, aussi formel soit-il. Parfois, quand il avait le courage de sonder son âme, il avait honte de s'avouer que malgré son plus sincère désir de comprendre, il était probablement animé plus qu'il ne l'aurait voulu par des sentiments cupides et rampants. Une vulgaire ambition de devenir titulaire de la chaire, une répréhensible jalousie en voyant un plus jeune bénéficier d'une promotion qu'il se sentait en droit d'obtenir. Au point qu'il lui était arrivé de compiler et plagier l'hypothèse sur laquelle travaillaient les deux élèves dont il assumait la direction de thèse. Juste un article. Sur un sujet que lui-même maîtrisait parfaitement. Ses élèves avaient seulement orienté le débat vers une hypothèse nouvelle. Si au moins l'idée avait émané de son esprit ! C'était de bonne guerre, ses studieux élèves n'avait pas l'autorité suffisante pour s'imposer, et lui ne disposait plus du temps nécessaire pour s'impliquer sur des calculs fastidieux. Leur réunion avait formé une association efficace. Certes, seul son nom apparaissait dans l'article qui servait de matière aux potins scientifiques du moment. Mais il ne s'adressait aucun reproche. Qu'avait-il à se reprocher ? De quoi aurait-il du avoir honte ? Il agissait en suivant les us et coutumes, il ne lésait personne. Deux élèves n'avaient pas la prétention d'acquérir déjà de la considération ! Leur objectif était leur thèse. Soit, il donnerait un avis favorable. Lui, pour sa part, était conforté dans l'idée d'être un excellent directeur de recherche. C'est parce qu'il les avait dirigés dans la bonne direction qu'ils avaient émis la bonne hypothèse. Chacun y trouvait son compte. Se cherchait-il des excuses pour adoucir l'ignominie de son méfait ? Pas plus que ses confrères. Si des protocoles de fait existaient, c'était qu'une conclusion bienfaisante en était la conséquence, sinon l'erreur aurait modifié les traditions. Donc il avait eu raison. Il reconnaissait que sa philosophie de la vie avait changé. Il ne se posait pas ces questions matérielles dans sa jeunesse, un seul but l'animait : comprendre cet univers mystérieux qui nous environne, dont nous sommes issus. Lorsque la science répond à une question, la réponse amène cent nouvelles questions. La tête lui en tournait. L'explication était si simple au début, puis l'homme a voulu approfondir sa connaissance, et les ennuis ont surgi. Il avait très tôt dévoré avec avidité les mathématiques. Sa curiosité paraissait suspecte. Les mots ne l'avaient jamais attiré, leur pouvoir se limitait au potentiel de l'esprit humain. L'esprit les créait, donc rien de plus ne pouvait en émerger qui dépassait son pouvoir de création, tandis que les nombres recelaient une objectivité qui les transcendaient. La première fois que la notion d'infini berça son ouïe fut une révélation. Les autres élèves reçurent la nouvelle sans surprise, l'infini figurait un nombre comme les autres, il y avait un, il y avait deux, il y avait l'infini. Tout paraissait normal. Pour lui ce fut un choc. Comment appréhender une entité sans limite ? Un nombre standard, il le prenait, l'additionnait à un autre, et il obtenait un résultat. Mais l'infini, ce coquin, impossible de l'attraper pour le mettre dans un sac. Étant infini, il n'aurait jamais fini de le saisir et le sac serait toujours trop petit. S'il était impossible à stocker, il était impossible à utiliser. Comment parvenir à entrer l'infini dans une machine à calculer ? L'infini le gênait. Lorsqu'il levait les yeux émerveillés pour contempler les myriades d'étoiles, la réponse qui revenait le plus souvent était : infini. Sa passion pour l'astrophysique était venue de là, de son désir d'entrer l'infini de l'univers dans son cerveau fini. Il avait perdu un peu de son âme dans cette quête sans fin. L'infini pouvait se démultiplier à l'infini, une réponse soulevait cent questions, la tête lui tournait, il avait fini par se noyer. Il s'était spécialisé : la seule solution viable pour approcher une réponse.

- C'est quoi ça ? Tu fais des bombes atomiques ? Tu es plus dangereux que moi alors ? ironisa le bandit.

Il aurait pu avoir raison, pensa Charles.

- J'étudie la matière interstellaire.

Une ironie du sort. Il voulait comprendre ce qui s'offrait à sa vue en élevant son regard vers le ciel, et il étudiait cette quantité infinie de poussière non visible à l'œil nu.

- Waouh, ça a pas trop l'air le pied ton truc !

- Non, je consacre mes journées à chasser des spectres de radiation ben éloignés de mes préoccupations d'adolescent.

Toute réussite cache un pacte faustien. Il s'accommodait de ce compromis car la vie l'entourait de son affection rassurante, et il regagnait en confort ce qu'il perdait en acuité. Un confort bourgeois un peu honteux mais si douillet. Il avait cherché des réponses, il avait obtenu de la considération. Mais cette étincelle qui voulait comprendre brillait toujours au fond de lui, elle l'animait d'un souffle qu'il n'expirait pas. Les mêmes pensées occupaient toujours son esprit. L'univers serait issu d'un big-bang. Cette assertion rencontrait l'approbation générale, aux exceptions farfelues près. Il connaîtrait une expansion. Cette constatation ralliait à la cause commune même les exceptions. En expansion infinie ou expansion suivie d'une contraction ? Sur ce point les discussions pénétraient insidieusement dans l'ésotérisme car la réponse dépendait de la masse globale de l'Univers, et bien malin celui qui pouvait prétendre la déterminer avec certitude. Si l'expansion était infinie, l'Univers se dirigeait inexorablement vers le rien. L'homme connaissait ce rien : le froid, l'infini, l'absence d'énergie, l'absence de mouvement, la fin de toute activité. Une touche d'espoir se manifestait si la phase d'expansion était suivie d'une contraction. Le savant pouvait alors sortir sa barbe de son ouvrage et remplir des thèses et des mémoires entiers de formules compliquées et d'extrapolations aussi osées qu'était répandue sa renommée. Mais il était subitement stoppé dans son élan au moment où sa quête atteignait son but : lorsque la contraction parvenait à son terme. L'intérêt était de savoir ce qui advenait juste après ou juste avant le big-bang, mais les calculs approchaient de trop près ce fichu infini, les théorèmes et les axiomes se brûlaient les ailes et plus aucun outil ne restait à la disposition du chercheur qui se réfugiait honteusement derrière le mur de Planck, solidement gardé par ses fidèles constantes. La quête de Charles avait dérivé sous l'effet de vents d'échecs et de courants de réussites d'apparat.

Vive la Récidive !

- Et tu as trouvé quoi ? lui demanda le pillard d'un air faussement intéressé.

- Je n'explique plus rien. Je suis juste devenu un expert, l'expert de trois raies d'absorption.

Ses questions étaient philosophiques, ses réponses furent scientifiques. Charles restait sur sa faim, l'esprit déçu, amer, mais le corps dans un confortable et douillet cocon car aucun outil n'était capable ni de mettre en équations mathématiques les questions des philosophes, ni de transcrire les résultats des scientifiques en langage philosophique. Il n'avait rien trouvé, aucune avancée majeure, mais il avait beaucoup publié, ce qui lui valait des félicitations, des éloges. Ses interrogations restées sans réponse avaient rencontré la satisfaction de la considération pour des écrits pédants dont l'apport réel étaient aussi vides que ses réponses, ou que ne l'était l'espace interstellaire puisque c'était son sujet. L'efficacité avait perdu ce que son confort avait gagné.

Et ce jour-là, dans cette banque, le sort le frappait à nouveau de son ironie en opposant à ses aspirations célestes le plus barbare des objectifs : la réussite matérielle par la force, vulgairement remplir un sac de billets sous la menace d'une arme ! Peut-être son heure avait-elle sonné, envisagea-t-il, son destin scellé à cette banque métamorphosée en tombeau. Ici s'achèverait sa participation à l'édifice humain ? S'enfuir ? Son corps pataud était le support physique de son esprit sagace, mais cet esprit exacerbé maîtrisait très mal ce corps frustre qui aurait risqué de l'abandonner pendant la fuite. Avoir peur ? Il ne ressentait pas ce sentiment bien qu'il constatait le tremblement de ses jambes et leur refus de bouger. Cette perte de contrôle l'inquiéta et provoqua une réaction en chaîne. Sa gorge s'assécha, il sentit la transpiration perler sur ses tempes, son cœur accéléra la mesure, une chaleur étouffante gagna son front et sa nuque, son ventre entra en ébullition, son pouls s'emballa, sa vision se déforma, non, ne pas flancher, rester conscient. Réfléchir pour rester conscient. Réfléchir à quoi ? Un sujet rassurant. Son dernier livre.

- En fait, je termine l'écriture d'un livre sur la modélisation mathématique, en collaboration avec un collègue mathématicien, continua-t-il pour ne pas sombrer. Un peu technique mais extrêmement riche.

- Ouais, passionnant, lâcha le brigand avec une moue de dépit.

Il fallait qu'il parle, pour oublier sa situation et évacuer cette crise de panique naissante.

- La question sous-jacente est : les mathématiques permettent-ils de décrire l'Univers ? On suppose qu'un mathématicien collaborant à l'ouvrage serait tenté de défendre ses intérêts. Néanmoins, dans un souci d'objectivité, mon collègue mathématicien a conclu que les mathématiques sont un des langages utilisables pour décrire l'Univers, mais seulement un parmi tant d'autres. Au même titre qu'un être humain peut être décrit en étudiant uniquement ses états émotionnels, ou ses dimensions physiques, son intelligence, sa force, etc.

Ce point de vue rejoignait les convictions de Charles : la nature n'obéissait pas à l'outil mathématique, contrairement à ce qui était affirmé un peu légèrement, les mathématiques ne représentaient pas l'essence de l'Univers mais reflétaient le moyen d'expression du cerveau pour dépeindre son environnement. Les yeux distinguaient les couleurs, les oreilles réceptionnaient les sons, le cerveau, quant à lui, opérait en suivant un protocole logico-déductif dont les mathématiques cristallisaient l'image. Ce sujet lui tenait particulièrement à cœur car l'astrophysique utilisait les mathématiques pour s'exprimer, mais si l'outil ne permettait pas de fabriquer le produit final, quel intérêt d'étudier les mathématiques ? C'était la principale raison qui l'avait poussé à progressivement et sans regret abandonner ses travaux de physique au profit de la renommée, car il avait pressenti qu'il n'atteindrait jamais son but.

Malgré cette tentative d'échappatoire spirituelle, il était toujours otage dans cette fichue banque, et il ne tremblait pas moins.

- C'était pas un physicien, c'était un poète ton client, s'esclaffa Jacques hilare.

- Ouais, quand les gens ont peur, ils parlent, pour masquer leur peur. Les victimes et les taulards parlent beaucoup. Les uns parce qu'ils ont peur, les autres pour masquer l'ennui. Sauf qu'en zonzon il vaut mieux ne pas trop parler. Faut que tu te méfies l'intello, ils ont le vice les jeunes des cités. Ils se montent dessus avant de savoir marcher.

- À part toi, je n'ai pas parlé à grand monde.

- C'est aussi bien, il faut apprendre à savoir éviter les problèmes. Les jeunes parlent trop maintenant. Ils font n'importe quoi et parlent n'importe comment. Avec l'expérience, tu apprends à éviter les embrouilles tout en conservant la tête droite.

A l'extérieur de l'enceinte glaciale d'une prison, il était aisé de parvenir à slalomer entre les ennuis sans risquer une sortie de route. Il suffisait de courber l'échine avec docilité et servilité. En s'aidant d'une trahison, d'un coup bas sporadique, l'ambitieux pouvait même s'autoriser une promotion. La situation était plus complexe derrière les murs. Celui qui baissait trop la tête se faisait dépouiller de ses vêtements et revenait de promenade en chaussette et caleçon – à condition de ne pas s'être habillé en sous-vêtements de marque, auquel cas il pouvait même perdre ces derniers. Lever trop la tête risquait d'irriter certains meneurs, craignant de perdre leurs minces privilèges de coq de basse-cour : l'équivalent d'un passeport diplomatique, un droit de passage où bon vous semble. Plus l'espace où vous vivez est restreint, plus il est important de pouvoir circuler librement partout, maxime valable aussi bien dans la cour avec les détenus que dans les bâtiments avec les matons. L'union fait la force.

Une surenchère avec les insensibles matons ressemblait au tir au pigeon. Une réunion d'assassins qui jouaient avec un pigeon avant de l'abattre au fusil depuis le mirador ou bien le suicider par pendaison avec son drap.

Une surenchère entre détenus s'apparentait à une chasse à courre : un détenu poursuivi par vingt autres. Un quartier présentant les mêmes problèmes à tous ses habitants et leur offrant les mêmes solutions, un arrivant en prison était inévitablement précédé et suivi par ses voisins.

Vive la Récidive !

Ensuite l'instinct grégaire intervenait et un pugilat entre deux personnes débouchait sur une chasse à courre ou une guerre civile. Les cours des prisons offraient plus souvent le spectacle d'une chasse à courre que d'une guerre civile. Une guerre entraînait des pertes importantes dans chaque camp, donc les généraux intervenaient rapidement pour décider d'une armistice. Personne ne souhaitait perdre ses troupes.

Ainsi naissait dans les maisons d'arrêts, par la manière forte, l'apprentissage de la vie sociale. Encore une ou deux générations et les détenus aussi seraient des animaux parfaitement sociaux, ils auraient la crainte de traverser une chaussée en dehors des passages cloutés, ils perdraient l'inspiration, l'imagination, et ils réagiraient au conditionnement.

Jacques put mettre en pratique les conseils de Majid dès la promenade suivante, car deux détenus échangèrent des coups, suivis par une traînée de poudre d'altercations entre d'autres détenus, pour une pincée de tabac et une feuille de papier à cigarette, comme d'habitude. De l'action au milieu de la nonchalance. Une ambiance délétère se répandait dans les couloirs, chacun y allait de son bon mot, de son commentaire plus avisé que le précédent. Après son retour dans sa cellule, qui accessoirement le protégeait de toute agression d'un autre détenu, Jacques conserva le regard effaré du renard pris au piège, la patte immobilisée dans le collet. Il n'avait pas été habitué à vivre dans un univers restreint et sensible. Il développait un début de paranoïa. L'enfermement soit, mais si les loups se dévoraient entre eux dans la cage, où se réfugier ? La terreur de Jacques n'échappa pas au regard aigu de Majid qui essaya de le rassurer, et s'adressa à lui d'un ton quelque peu protecteur :

- Cet unique lavabo sert pour la salle de bains, la cuisine, et fait office de machine à laver. A plusieurs en cellule, ça provoque parfois une file d'attente au lavabo. C'est bien, ça nous apprend à devenir organisés.

L'inconvénient du lavabo dans son option salle de bains résidait dans l'urgence du besoin. Le temps pressait, soit à cause de la visite au parloir, auquel cas le détenu était confronté à des impératifs horaires, soit pour un rendez-vous à l'infirmerie où le bagnard essayait de présenter un aspect vaguement humain, soit pour un rendez-vous chez le dentiste qui imposait au minimum de se laver les dents.

Dans sa version cuisine, les aspersions d'eau et les éclaboussures de détergent retapissaient la cellule. La place étant très limitée, il suffisait de deux assiettes plus un verre et chaque centimètre carré du rebord était occupé. Le moindre mouvement présentait un risque de briser un couvert, renverser un flacon, et une catastrophe en entraînant une autre, la totalité de la modeste habitation se retrouvait sens dessus dessous beaucoup plus rapidement qu'on était en droit de le supposer.

Le muret séparateur, d'environ 4 centimètres d'épaisseur, constituait le principal support. De l'autre côté se trouvait le lit du bas, oreiller côté muret cela va de soi. Un coup de coude anodin dans une casserole reposant sur le muret avec du liquide vaisselle à l'intérieur pour le dégraissage amorçait la réaction en chaîne de catastrophes. Le contenu de la casserole - produit vaisselle et sauce tomate grasse - se mélangeait harmonieusement à la suie issue de l'huile brûlée de la chauffe artisanale à l'extérieur de la casserole, et se déposait artistiquement sur l'oreiller. Évidemment, le lit du bas n'était pas le vôtre, ce qui apportait une tension à peine perceptible mais solidement établie dans l'ambiance de la cellule : tout travail artistique est empreint d'une atmosphère qui lui est propre. La casserole, naturellement, emportait souvent dans sa chute un saladier ou un verre qui, après plusieurs rebonds sur le sol, se brisait et éparpillait ses morceaux. Plusieurs jours après, le souvenir de l'incident était ravivé par le premier pied nu qui se posait sur le sol et se coupait. La tension psychologique si solidement installée ne se laissait alors pas facilement oublier.

Jacques arborait toujours l'expression apeurée de la biche encerclée par les chiens de la meute. Majid décida de continuer son bavardage pour lui changer les idées. Un des moments cruciaux de la journée était le repas du soir. Il s'apprêtait à lui expliquer. Il tendit à Jacques une canette de coca que celui-ci refusa. Il ouvrit la sienne, commença à boire à petites gorgées, et prit une inspiration.
- Le rituel du repas du soir. Tu n'auras pas ton examen de taulard tant que tu ne seras pas briefé sur la cuisine en cellule.

En rentrant de sa journée de travail, le travailleur fourbu appréciait de cuisiner. Point de dure journée de labeur en ce lieu, pourtant le repas du soir, comme en liberté, symbolisait la fin de la journée. La sortie définitive s'était rapprochée de 24 heures. Un jour de moins à attendre.

Cuisiner présentait également l'avantage de ne pas manger la gamelle pénitentiaire, une façon de refuser la prison et de se sentir libre. Un semblant de liberté. Accepter la détention, s'y adapter, était la meilleure solution pour bien vivre son séjour. Cela signifiait accepter son statut de prisonnier, prendre conscience d'avoir troqué sa respectabilité d'être humain légitime contre un costume sordide de reclus. Les hommes serpentent dans la vie, une étiquette d'ouvrier, de boulanger, de chômeur, de coiffeur imprimée dans chaque parcelle de leur être. Jacques était prisonnier, son ancienne image était effacée et remplacée par celle du détenu privé de ses droits, de sa liberté, de sa vie. La fin de sa peine charriait dans son sillage la seule note d'espoir à laquelle il pouvait prétendre, celle du jour où son appellation d'origine lui serait rendue, lorsqu'il aurait été corrigé, contrôlé, rectifié, vérifié, et pourrait être à nouveau redistribué sur le marché du citoyen respectable.

Plusieurs réactions catégorisées s'observaient lors de l'ouverture de la porte pour le repas du soir. A la première catégorie appartenait le jeune, plus rebelle. Il dénigrait la gamelle et la repoussait avec dédain d'une onomatopée de dégoût. Ensuite venait le gourmet qui choisissait dans le buffet ce qui lui convenait. Il utilisait la mangeoire officielle en complément de sa cuisine personnelle. Celui-ci représentait l'attitude princière, le noble vivant en autarcie mais sachant garder un œil ouvert sur le monde. Ceux qui recevaient leur breuvage sans discuter clôturaient le classement. Deux sous-ensembles s'y dessinaient : les indigents heureux d'obtenir un repas sans rechigner, même si la qualité ne méritait pas l'attention du Guide Michelin, et une minorité acceptant de revêtir le pyjama rayé et sa tambouille livrée en accompagnement. Quelque soit sa catégorie, la matière première pour se préparer son festin personnel avait une origine identique : les achats par les bons de cantine. Le bât blessait à cet endroit : le bon de cantine n'offrait pas le choix du marché du village ! La base se composait de riz ou pâtes, sauce tomate, oignons, harissa, thon. L'avantage résidait dans la fraîcheur et l'absence de multiples recuissons. Cependant, les ingrédients ne variant pas, quelque soit l'habileté du cordon bleu improvisé à les mixer selon toutes les combinaisons possibles, le plat final, jour après jour, laissait sur les papilles du palais le même goût éculé. Refuser d'abandonner son image à la prison générait plus d'importance que la variation des repas. Il était impensable pour les longues peines de se permettre ce luxe car l'estomac n'aurait pas suivi, et la tête aurait sombré à sa suite. Refuser la prison signifiait s'introvertir, fermer les yeux pour ne pas voir les murs de la prison, rester muet pour ne pas communiquer avec des taulards ou des matons, ne pas marcher ou pratiquer quelques exercices pour ne pas se dégourdir en prison, rester cloué au lit pour ne pas se lever et être actif en prison. A ce rythme, le corps se dégradait rapidement, le moral suivait. Changer devenait alors une question de survie.

Jacques l'écoutait à présent avec attention. Il s'était allongé sur son lit en chien de fusil, la tête appuyée sur son bras replié. Voyant qu'il avait capté l'attention de son auditoire, Majid poursuivit avec volubilité, en s'aidant de grands gestes de bras.

- Il faut que je t'explique pour la gamelle du soir, un vrai détenu doit savoir se préparer sa gamelle, commença Jacques avec empressement.

La première opération consistait à allumer la chauffe dont le principal fournisseur restait le système D. Le modèle le plus répandu, non breveté, était constitué par la canette de Coca (le Sprite était aussi efficace) en guise de support, au milieu de laquelle était disposée une boite de thon vide avec de l'huile et trois mèches réalisées à l'aide d'un morceau de mouchoir en papier glissé dans ce qui fut un tube de sauce tomate. Un tube, découpé, permettait de fabriquer plusieurs supports. Une extrémité du mouchoir trempait dans l'huile, l'autre extrémité dépassait du tube de quelques millimètres : une mèche était née. Le résultat était bon marché, efficace, et économique à l'usage. L'inconvénient résidait dans l'odeur d'huile brûlée et la fumée noire qui se répandait partout dans la cellule et particulièrement sur la casserole où elle formait une couche de suie de plusieurs millimètres. Ensuite, la qualité des pâtes ou du riz au thon mangeables ou seulement nourrissants dépendait du talent du cuisinier.

Bercé par le ton psalmodieux et rassurant de cette litanie, Jacques s'était détendu et son corps s'était laissé entièrement choir sur le lit. Interprétant cet abandon comme un profond intérêt, Majid se fit une joie, après une profonde inspiration, de reprendre ses déclamations. Rarement auditoire ne s'était montré aussi réceptif.

- Le nettoyage de la vaisselle représente un travail qualifié à lui seul. Quand t'as bien grillé la gamelle, crois-moi, il faut du métier pour la remettre en état, mais rassures-toi, t'auras le temps d'apprendre, se moqua-t-il d'un rire jovial.

L'objet informe qu'il tenait entre les mains devait retrouver son état originel de casserole premier prix mais néanmoins précieuse. Le dos était couvert d'une suie épaisse, grasse, se déployant en fine poussière au moindre mouvement, même sans contact. A l'intérieur la potée avait mijoté si longtemps que le riz semblait incrusté dans la structure de la casserole. A défaut de bien manger, le nettoyage (à l'eau froide !) fournissait une occupation pour la soirée. Jacques jeta un œil amusé sur la chauffe carbonisée, maladroitement dissimulée sous l'armoire. Majid dodelina de la tête et acquiesça :
- Les conseilleurs sont rarement les payeurs. En fait, c'est l'ancien codétenu, qui était là juste avant toi, qui a laissé sa chauffe en partant.
Ils rirent tous les deux.
- Bon, maintenant que tu es détendu, je peux continuer mon histoire parce que ce matin-là, faut croire qu'ils avaient rien d'autre à faire, tous, que d'aller à la banque.

Chapitre V

- Le client suivant, c'était une sportive, ben elle tremblait comme les autres, se moqua Majid.

Vive la Récidive !

A ce moment de la matinée, le soleil se levant dardait sa lumière écarlate qui formait un merveilleux camaïeu de rouges, illuminé de place en place d'ambre et d'oranger. Alexandra était d'humeur joyeuse en entrant dans la banque. La noirceur de l'accueil qu'elle reçut trancha avec ce début de journée lumineux.

- Bienvenue au club, tu fais comme les autres, et tout se passera bien.

Un énorme revolver se dressa face à elle. Elle glapit d'effroi mais les sons s'étranglèrent dans sa gorge et s'évanouirent. Le silence emplit le local et se prolongea.

- Tu vas faire comme tes amis, tu vas nous raconter une petite histoire pour nous distraire, rugit l'individu sans scrupules pour casser le silence et reprendre le contrôle.

- Je ne connais pas d'histoire, que voulez-vous que je vous raconte, ne me faites pas de mal, bégaya-t-elle.

- Qu'est ce qui te fait vibrer dans la vie, poursuivit-il avec douceur.

- J'ai toujours rêvé de voyager. Profiter de la vie, vivre chaque jour une expérience nouvelle et enrichissante.

- T'es heureuse alors, avec moi tu ne vas pas voyager beaucoup, mais en guise de nouvelle expérience, tu es servie.

Ophélie était pétrifiée, transie de peur. Elle se croyait plus forte. Ses yeux restèrent rivés sur le gangster, sur son arme, symbole de destruction.

- Décontracte-toi, pense à quelque chose d'agréable.

Le moment ne s'y prêtait guère, pourtant l'ambiance surréaliste la poussait à une introspection philosophique. Elle aurait presque avoué avoir recherché cette marginalité dans laquelle elle vivait. Quel avenir l'attendait ? Secrétaire, hôtesse d'accueil ? Épouse d'un énergumène capable de lui assurer la stabilité et la sécurité au prix d'une allergie chronique à sa présence ?

L'organisateur de cette manifestation inattendue dévisagea cette jeune femme dont la peau satinée, à la lumière artificielle des néons, éclatait comme un tissu de soie. Elle sortait du sas avec un mouvement de reine, émergeant au milieu de flots de dentelles. Une physionomie angélique sur un cou velouté couronnait une morphologie de poupée longue, fine et gracieuse, où des muscles arrondis dénotaient un tempérament athlétique. Son caractère résolu et ferme embellissait son dynamisme de femme active sans émousser l'aspect sensuel, charnel de sa féminité.

Ophélie repensait à sa vie. Elle aimait les défis. Une amie lui avait présenté une amie. Les changements les plus importants d'une vie surviennent souvent comme cela, discrètement, sans prévenir, dans les situations les plus anodines. Après tout, si tout ce que voulait ce gangster était une histoire pour détendre l'atmosphère et passer le temps, pourquoi ne pas déverser ses états d'âme à voix haute, se dit-elle.

- L'amie de mon amie s'inscrivait pour la 2° année consécutive dans un club de plongée. Elle était intarissable sur le sujet. Elle s'était passionnée pour la plongée, et son enthousiasme se ressentait lorsqu'elle en parlait.

Habitant une ville isolée érigée dans une vallée circonscrite par des montagnes aux pics couverts d'une neige étincelante, ce loisir était surprenant, excepté pour un esprit à la recherche d'exotisme. Sa ville vivait accompagnée de la montagne, skier était aussi routinier que regarder la télévision. L'idée de faire de la plongée apportait de la variété. Elle fut doublement surprise en découvrant cette activité car elle s'était imaginée un sport dangereux réservé aux seuls casse-cous virils, prétentieux et masculins.

- Finie l'époque des préjugés, s'ils pouvaient, elle aussi elle pouvait. Le temps était venu de cesser de sous-estimer les femmes, elle n'était pas moins capable qu'un homme ! lança Ophélie comme un affront à l'attention du truand. Elle avait surtout besoin de dissimuler sa frayeur. Ophélie avait seize ans à l'époque. Elle avait longtemps ruminé cette idée, puis elle s'était lancée.

- Je me suis inscrite, et je me suis, moi aussi, passionnée, au-delà de mes espérances, continua-t-elle.

Elle avait découvert un esprit corporatif, un loisir où elle pouvait surmonter ses peurs, se dépasser physiquement, apprendre, être en contact avec la nature. Rien de commun avec une activité pour machos endurcis. Après dix années de pratique en loisir et d'entraînement dans son club local, elle avait obtenu son monitorat fédéral. A plusieurs reprises, des moments difficiles l'avaient incitée à tout plaquer, mais toujours, quelqu'un avait trouvé les mots pour l'en dissuader, et elle avait refusé de s'avouer vaincue. Elle aurait bien eu des remarques à émettre concernant les formations, mais cela appartenait au passé, elle avait achevé sa formation, sa route s'était dessinée devant elle. La décision la plus difficile fut de transformer ce passe-temps de dilettante rebelle en métier exclusif et à plein temps. Quitter un emploi stable et bien rémunéré pour un salaire inférieur, dans la froideur de l'eau - le corps se refroidit beaucoup plus vite dans l'eau que dans l'air, par conséquent même l'eau à 30° des mers tropicales refroidit rapidement un corps humain à 37.5° - au milieu des intempéries, à exercer un métier physique éprouvant, accompagnant des élèves têtus ou des clients exigeants, relevait de l'inconscience notoire. Cependant, elle avait senti que c'était là sa chance à saisir d'exercer un métier original, de ne pas déprimer d'ennui en se rendant au travail le matin, de voyager, de vivre des aventures captivantes, de rencontrer des gens différents, de visiter les îles.

- Je suis devenue monitrice de plongée et j'ai décidé d'en faire mon métier, reprit-elle.

- Tu en as de la chance, t'as du voir des trucs sympas, fit le gangster d'un air presque amical.

- Oui, je ne regrette pas, concéda-t-elle.

Sa décision avait été rapide et définitive, mais difficile à accepter. Elle n'avait rien pu changer, le choix avait été tranché auparavant, en amont de la raison, à la source des passions. Elle ne regrettait pas son acte de déraison. Les débuts avaient été ardus, la suite également d'ailleurs. Sans entrer dans le détail des formations, elle se posa de nombreuses questions en passant le premier niveau du monitorat, car ce passage charnière était conçu pour décourager les candidats dont la motivation n'était pas inébranlable. Les trois-quarts de la formation étaient axés sur des évaluations physiques et des performances sportives. Elle se questionna sur les raisons qui la poussaient à affronter ces travaux herculéens. Elle obtint la moyenne à l'examen, elle se demandait encore à ce jour par quel miracle, elle n'y avait pas cru, elle n'y croyait toujours pas, et il n'aurait pas fallu lui demander de recommencer, elle ne réitérerait cette folie pour rien au monde. Miracle toujours inexpliqué, disait-elle, puisque l'une des épreuves obligatoires et éliminatoires était une simple apnée à dix mètres, une profondeur facile à atteindre qui ne représentait pas un challenge insurmontable. Mais le stress, la fatigue des jours passés, la peur de l'échec, et elle avait paniqué avant d'avoir immergé le premier orteil. L'affrontement avec les profondeurs avait tourné au défi dantesque. L'apnée est une question de concentration, de décontraction. Il est impossible de bloquer sa respiration, ne serait-ce que dix secondes, après avoir couru un cent mètres. En revanche, en se décontractant, en se concentrant, retenir sa respiration trois minutes est réalisable par n'importe qui sans prédisposition particulière. Stressée, elle était partie déjà essoufflée et convaincue d'échouer. Elle savait que chaque coup de palme diminuait sa réserve d'oxygène, sans avoir pour autant l'impression de se rapprocher du fond car la mauvaise visibilité lui cachait son objectif. Elle continuait de descendre mais elle suffoquait, elle pensait à sa consommation d'oxygène et au retour à parcourir, tout le trajet le long duquel elle se hissait péniblement l'éloignait de l'issue, du plein air. Une seule pensée l'obnubilait : remonter au plus vite, ce qui signifiait l'échec à l'examen. Hors de question. Que fit-elle ? Elle ne l'avait jamais su. Elle était dans un tel état qu'elle pensait s'être noyée et évoluer au ciel. Par chance, elle avait droit à deux essais, et apparemment elle avait réussi au deuxième.

Vive la Récidive !

Quelle idée de lui demander une apnée pour enseigner la plongée avec bouteille !

Après deux semaines d'épreuves physiques, épuisée, elle pensait que les tests de connaissance, purement scolaires, seraient plus décontractés puisque la sélection avait déjà opérée son tri implacable. Elle eut la désagréable surprise de découvrir qu'aucun répit ne lui serait accordé et que la pression serait maintenue jusqu'au dernier instant. Là non plus, à son grand étonnement, elle ne fut pas recalée.

Son parcours du combattant ne s'acheva pas avec la formation. Elle eut la mauvaise idée de commencer à travailler pour l'avant-saison en France. Elle affronta une eau rendue glaciale par l'hiver, et que seul l'été à venir réchaufferait. La température ne permettait pas de se réchauffer sur le bateau. Peu de clients pour discuter agréablement. Une mer houleuse voire agitée. Des fonds marins sans visibilité. En somme, aucune condition plaisante et des journées épouvantables. Quand le soleil rayonna ses premières chaleurs et leur accorda un peu de répit dans leur lutte contre le froid, au lieu de profiter des meilleures conditions, elle partit en Corse. Là-bas, en guise de club de plongée, elle découvrit une usine à plongeurs. Son ami lui reprocha avec ironie d'adresser des critiques à tout propos, même lorsqu'elle avouait que le séjour avait été presque parfait. Il y avait sûrement un peu de vrai dans la remarque de son ami, mais l'efficacité du taylorisme appliquée aux loisirs lui avait profondément déplu ! Après trois mois de travail à la chaîne, elle était épuisée. Elle avait rempli son contrat, elle avait prouvé ses capacités, mais elle ne se sentait aucune disposition pour travailler dans ces conditions. Elle souhaitait que plonger soit un loisir, pas un calcul de rentabilité.

Elle désirait admirer des poissons aux couleurs irisées, nager avec des dauphins, accompagner le vol gracieux des raies, croiser l'itinéraire sanguinaire des requins. Alors elle s'était exportée dans les Caraïbes. Ni dauphins, ni requins, ni raies mantas, mais plus de couleurs qu'un arc-en-ciel, une eau de mer limpide et caressante comme si elle sortait d'un robinet d'eau chaude, des paysages magnifiques à perte de vue, sur terre, sur mer, et jusque dans l'azur du ciel. Les palmiers réjouissaient l'œil, courbés par le souffle cajoleur des alysés dont les reflets verts, accompagnés des variations bleues de la mer, contrastaient avec la douceur d'un sable blanc aussi fin qu'une farine vanillée. L'arrivée précoce des couchers de soleil ponctuels, aux alentours de 18h00, permettait de n'en laisser échapper aucun. Les nuances orangées qui se reflétaient sur les ondulations de l'océan apaisé chatouillaient la pupille et invitaient à l'abandon de l'âme. C'en était fini des défis méditerranéens pour plonger le plus profond au péril de sa vie, en dégradant sa santé. La beauté et la vie s'épanouissaient à proximité de la surface. Enfin elle éprouvait le plaisir de découvrir et faire découvrir une vie sous-marine riche et merveilleuse. Certes, l'attitude résolument machiste de la profession déclenchait parfois quelques agacements occasionnels, mais elle serait de mauvaise foi si elle omettait de parler des avantages que lui procurait son statut de femme dans un univers très majoritairement masculin. Elle était l'objet de toutes les attentions, quelquefois à l'excès si bien qu'elle aurait souhaité parfois un peu d'anonymat et de la tranquillité qui l'accompagne. Mais elle se devait d'avouer qu'une femme est toujours flattée des sollicitations dont elle est l'objet. Elle avait désiré exercer un métier original, elle ne pouvait pas s'en plaindre à présent. Elle vécut des moments inoubliables. Elle ne savait pas de quoi serait fait son avenir, mais elle était certaine que la beauté des couchers de soleil, l'émotion ressentie en contemplant le lagon bordé par son récif corallien effleurant la surface de l'eau, le plaisir de l'air chaud et humide qui enveloppait son corps dès le matin, la richesse des couleurs sous-marines, et l'ambiance festive propre aux communautés insulaires, resteraient à jamais une source de souvenirs qui réchaufferaient ses jours sombres. La seule ombre à ce tableau restait l'éloignement de sa famille qui lui pesait. Ils vivaient en métropole, engoncés dans une douillette existence figée, et elle ne les voyait guère plus de deux fois par an. Elle ne les avait pas rencontrés depuis cinq mois. Ils étaient venus un mois entier. C'était à présent à son tour de renouer avec son passé.

- J'ai posé tous mes congés de l'année.

Elle prit conscience qu'elle s'exprimait encore avec le langage des travailleurs du secteur tertiaire, alors elle rectifia :

- Bon, pour dire vrai, c'est le propriétaire du club qui m'avait demandé de prendre deux mois de congés pendant la saison creuse.

Deux mois n'étaient pas immérités en contrepartie des semaines en saison où le compteur horaire dépassait allègrement les trente cinq ou trente neuf heures. Pour être exact, si elle avait calculé le total réel, elle aurait eu honte d'avouer travailler autant pour un si maigre salaire. Les impératifs de la réalité n'ont que faire des accords couchés sur le papier par les syndicats.

Elle avait quitté son paradis pour revoir ce pays gris. Comme si elle avait eu davantage besoin d'être convaincue que sa place n'était plus ici, l'enfer surgissait dans sa vie lorsqu'elle pénétra dans cette banque. Elle aimait prendre des risques, mais là elle saturait.

L'habituel bruit de serrure dans cette porte de cellule sans poignée ni serrure côté cellule mit un terme provisoire au récit de Majid qui sortit se dégourdir les jambes. Pas de promenade pour Jacques cet après-midi-là. C'était le moment d'abuser de la solitude en cellule car il y avait au moins un acte et un lieu qu'il préférait affronter seul : celui qu'il accomplissait aux toilettes. Les toilettes figurent un lieu à part, un havre de solitude où l'on ne craint pas d'être dérangé, sous réserve d'avoir éteint son tel portable, appendice dont les détenus ne sont pas équipés. Un moment de recueillement ponctué d'efforts intenses. La prison ôtait aux toilettes leur aspect mystique. L'objectif restait le même que pour les gens jouissant de leur liberté mais les modalités d'application différaient. Le toilette carcéral n'œuvrait pas en solitaire. Il vaquait à ses occupations en public, il les partageait avec tous. Situé dans un coin, aucune porte ne l'isolait du reste de la pièce, la seule séparation était un muret empêchant que le détenu allongé sur son lit du bas ne voie son horizon obscurci par les fesses de son codétenu en pleine opération défécatoire.

Vive la Récidive !

Jacques s'avança vers le miroir. Il y contempla un homme exténué, diminué. Il se perdit dans ses pensées. Il se sentait seul, très seul. Il s'exprima à voix haute à l'attention de son reflet dans le miroir.

- Tu vois mon gars, le choix du moment opportun pour partager une intimité avec notre toilette affectionné est délicat. Deux persécuteurs d'intimité, la porte et le codétenu, s'y opposent. Nous sommes enfermés dans la cellule presque sans discontinuer, mais la loi de Murphy provoque souvent l'ouverture de la porte lorsqu'on s'en passerait volontiers. Un papier à signer, une livraison de cantine, un changement de torchon, une sortie de cellule pour aller en activité, du courrier, la gamelle, les promenades, une vérification des cartes d'identité intérieures, en somme toujours une raison qui ne fournit pas une occupation permettant de lutter efficacement contre l'ennui, mais qui en revanche vous dérange sans coup faillir et s'assied sur votre dignité.

Jacques sourit, son one-man show était ridicule, mais dans sa situation, le ridicule était préférable à la réalité. Il poursuivit néanmoins sa thèse sur l'exploitation des toilettes dans le silence de ses pensées. Première étape, calculer sa plage horaire de toilette en fonction de l'ouverture de la porte. Entre le petit déjeuner à 7h00 et la relève de surveillant à 20h00, le caca s'apparentait à un jeu de hasard. A tout moment, un ou une surveillante, vive la parité, ouvrait la porte et exposait le plus naturellement du monde la raison de sa venue. Cette pensée le révolta. Toute sa rage retenue explosa à la face de son interlocuteur, son sosie dans le miroir.

Vive la Récidive !

- Imagine qu'au travail, tu sois aux chiottes, pantalon baissé, en train de pousser, et qu'à ce moment suprême ton chef de service ouvre la porte des toilettes sans prévenir et te mette dans les mains un nouveau dossier à parapher immédiatement. Tu as à présent une bonne idée de la situation. La prison, qu'ils disent dans les médias, c'est pour que le délinquant retrouve sa dignité de citoyen !

Pour la surveillante, la scène était tout aussi ridicule. Gênée devant le grotesque de la situation, elle tournait la tête et regardait droit devant elle pour parler, attitude qui ne facilitait guère le dialogue. Ceci explique qu'on rencontre en milieu carcéral plus de problèmes de constipation que de gastro-entérite. En dehors de ces horaires (7h00 / 20h00), des vérifications étaient effectuées au travers de l'œilleton, au cas où un détenu se soit échappé en s'inspirant de la méthode de Dutilleul que décrit si bien Maupassant dans sa nouvelle " Le Passe-muraille " ou, cas plus probable, se soit suicidé. L'architecte des toilettes, dans un élan de suprême attention, avait disposé le toilette dans un recoin non visible depuis l'œilleton. Si le surveillant effectuait sa ronde pendant que le détenu décompressait sur le trône, il ne le voyait pas, alors il s'agitait, gesticulait, aboyait derrière la porte, craignant une évasion (par l'évacuation des toilettes ?). Il devenait urgent pour le détenu de se manifester. Le prisonnier novice courait, culotte aux chevilles, placer sa tête en face de l'œilleton. Il ne courait pas loin, au risque de se cogner dans le mur opposé, eu égard à l'exiguïté du lieu. Un ou deux demi-pas suffisaient. Lorsque le détenu possédait une solide expérience, qu'il s'était professionnalisé dans son activité de détenu, il se contentait de lever le bras, version « Heil Hitler

», tout en gardant les fesses au bain-marie sur la cuvette. Avec ces maigres indices, même un maton parvenait à déduire, à partir de la position du bras, où se trouvait le reste du corps. Opération réussie, mais il en résultait une déconcentration extrême qui coupait court à toute évacuation, comme si un ami venait vous serrer la main pendant un marathon : tout effort était réduit à néant.

Une fois le carnet de rendez-vous aménagé, la plage horaire caca planifiée, Jacques n'était pas au bout de ses peines. Le deuxième ennemi prenait les traits de Majid. Il est difficile de se dissimuler dans une cellule. Sans la coopération du codétenu, la tentative d'intimité était vouée à l'échec. L'arrivant présomptueux et puritain obturait psychologiquement son organe malfaisant pendant trois, quatre, cinq jours en attendant que son codétenu sorte de la cellule pour une promenade, la douche, etc. A la première seconde de solitude, c'était Hiroshima. Une énergie trop longtemps contenue, qui soudainement se libérait. Lorsque le codétenu revenait, il ne comprenait pas toujours que le sourire béat qui zébrait le visage de son colocataire reflétait son soulagement. Les habitués des séjours imposés ne s'infligeaient pas cette épreuve et se ruaient sur la seule solution durablement acceptable : informer le codétenu que l'on pose son veto pour obtenir une suspension de séance collective dans un but d'intimité de quelques minutes. La tactique du camouflage militaire entrait en jeu. Le détenu se retournait pour ne plus vous accrocher dans son champ visuel. Vous augmentiez le volume de la radio ou de la télé (pour les cellules les plus aisées financièrement qui, seules, en sont dotées) afin de noyer le contact sonore. Vous ouvriez la fenêtre pour inciter à l'évasion des témoins olfactifs. L'offensive était prête, vous pouviez vous élancer sur le champ de bataille. Quelle aventure ! Qui pense encore manquer d'occupation en prison ?

Jacques, avachi sur le siège des toilettes, libérant son sphincter, gambergeait sur cette vie qui était devenue la sienne, ponctuée de petits plaisirs qui lui auraient paru ridicules dans son existence antérieure. La télévision par exemple, qu'il fuyait lorsqu'il était libre car il estimait que les seuls scénarios présentant un intérêt étaient ceux des publicités. Ici, elle prenait une autre valeur. L'arrivée ou le retour hebdomadaire de la télévision dans la cellule s'apparentait toujours à un grand événement. Cette boite magique ouvrait une fenêtre sur l'extérieur, emplie de couleurs, du sexe opposé, de la vie hors des murs, des routes, des voitures, des téléphones, des portes qui s'ouvrent de l'extérieur ET de l'intérieur, des sentiments humains autres que les rapports de force et le respect de la hiérarchie administrative. En somme, un rideau derrière lequel se dissimulaient des existences différentes, un monde auquel ils avaient appartenu un jour, s'ils se fiaient à leurs souvenirs, qu'ils retrouveraient un jour, paraissait-il, ils ne cessaient d'ailleurs de le dire pour se rassurer, mais y croyaient-ils encore ?

La privation de liberté, pour les longues peines, était plus intellectuelle que factuelle. La vie se poursuivait presque normalement, manger, dormir, communiquer, l'idée naissait d'une autre existence à venir, en dehors des murs, qui ne se concrétisait pas et demeurait une attente justifiant l'espoir. Le jour où la porte s'ouvrait enfin, comme un but qu'ils n'espéraient pas vraiment atteindre, comme sa propre mort à laquelle on ne croit pas tout à fait, ce n'était plus le même individu qui ressortait, ce n'était plus un prisonnier qui rêvait de sa liberté, c'était un homme resté si longtemps encagé qu'il s'était adapté à la captivité et ne savait plus que faire de la liberté. La liberté est un rêve partagé par tous, y compris ceux qui en jouissent. Et puis la télévision, c'était cette merveilleuse complice qui lui parlait, lui faisait partager sa vie sans lui imposer ses problèmes, et avec qui il était impossible de se disputer. Encore plus efficace qu'un chien, elle le couvrait de son amour sans qu'il soit nécessaire de la nourrir. L'avenir du chien prendrait les traits de la télé interactive. Les détenus n'étaient pas autorisés à adopter un chien en détention, donc ils initiaient le mouvement en se liant d'amitié avec leur télé. Jacques marqua une pause dans ses réflexions, les pubs étaient terminées, l'une de ses séries préférées commençait. Il en profita pour terminer l'expulsion de ses déchets organiques. Il était temps, la promenade se terminait, Majid réintégrait la cellule. Ils éteignirent la télé, lassés des feuilletons qui répétaient toujours le même message moralisateur, et des émissions qui ne devaient leur audience qu'aux arguments plastiques des femelles exhibées ainsi que le serait un morceau de viande saignante sur l'étalage d'un boucher de quartier.

- Quel beau pays la France. Un pays puissant, riche, développé, parmi les plus économiquement avancés de la planète. Trente-six ans auparavant l'homme a marché sur la lune. Conservons en mémoire les images et les paroles de cet instant qui marqua l'histoire. En 36 années, la technologie a considérablement évolué. En étudiant aujourd'hui les images de l'époque, on a plus le sentiment d'assister à un spot publicitaire aux nombreuses retouches, montages et trucages, qu'à un documentaire enregistré sur le vif.

Jacques écoutait les informations à la radio et ne put s'empêcher de les commenter. Il était amer, acide contre un système auquel il avait cru, auquel il avait consacré la majeure partie de sa vie, et qui l'avait rejeté comme un malfrat. Air France faisait l'actualité. La figure de proue de la technologie, de l'industrie, de l'avance française. Les citoyens imposables étaient fiers de leur première compagnie aérienne.

- Je repense aux deux cents morts, je crois, de l'un des derniers vols du Concorde, éclata soudain Jacques, comme mû par un ressort.

On eût dit qu'il n'attendait qu'une occasion pour bondir.

- Une merveille technologique lorsqu'il a vu le jour. Trop cher à l'exploitation, pas assez rentable. Trente ans de service, trente ans de rafistolages au lieu d'entretien aéronautique coûteux. Inévitablement, un jour, une rustine a lâché. La décision d'envoyer ces vieilles carcasses à la ferraille a été motivée par les deux cents morts du crash. Pour bouger un ministère, les morts sont plus actifs que les vivants. Seuls les plus riches et pressés pouvaient s'offrir un billet 1ere classe pour voyager sur un charter supersonique.

Les informations à la radio se poursuivaient sur la même veine. Grève du personnel de piste d'Air France, inutile de s'inquiéter, 70% des vols seront assurés. Autre information : il neigeait, mais aucun souci en vue, les vols non annulés par la grève n'auraient qu'une demi-heure de retard à cause de la neige.

Vive la Récidive !

Jacques explosa.

- Il est sûrement difficile de le croire, mais certains jours je suis heureux d'être à présent classé asocial et emprisonné, cela m'évite de payer des impôts pour renflouer les caisses de sociétés prétentieuses, arrogantes, désuètes, inefficaces, non compétitives, engluées dans un État providence sclérosé.

Majid sourit en regardant Jacques rouge de colère.

- Ça fait plaisir de te voir comme ça. Faut pas toujours garder les choses à l'intérieur de toi. Faut te laisser vivre un peu de temps en temps, sinon tu vas péter une durite. C'est pas bon de toujours tout contrôler. Tu veux que je continue l'histoire de mon dernier braquage ? Ça te changera les idées, parce qu'il ne faut quand même pas que tu pètes un câble et que tu détruises la cellule, elle peut encore servir.

Sur ces bons mots, il éclata d'un rire caverneux.

Chapitre VI

- Le temps passait dans la banque, le soleil se levait, et un nouveau client se pointa, reprit Majid.

La lumière changeait à présent que le soleil montait, et les rais de soleil escaladaient les murs, grimpaient sur le guichet, et atteignaient le dessus des têtes lorsqu'un nouveau client se présenta à la porte. Un quadragénaire de taille moyenne, au visage taciturne et apaisé où quelques rides naissantes exprimaient la sérénité des expériences surmontées. Le braqueur l'extirpa sans ménagement du sas pour le soustraire au regard de la rue, lui colla son revolver sous le menton. Richard ne paniqua pas outre-mesure, le voyou coula son regard vers les autres otages puis le planta au fond des yeux soucieux du nouveau venu pour évaluer son état d'âme et son potentiel de dangerosité. Ce dernier comprit ce que l'autre attendait de lui et se dirigea d'un pas nonchalant, sans mot dire, aux côtés de ses compagnons d'infortune.

Le gangster le toisa froidement :

- Tu vois le coffre là-bas, il est équipé d'une minuterie, et je suis comme toi, j'aimerais bien qu'on en finisse le plus vite possible, mais on doit attendre le bon vouloir de la minuterie, alors Monsieur va nous faire l'honneur d'agrémenter notre attente en nous contant les points essentiels de sa vie.

- Que je vous parle de ma vie ?

- C'est tout à fait ça, tant qu'à attendre, autant se distraire.

L'autre se tourna vers lui, compatissant :

- Le rejet de la civilisation. Ma vie pourrait se résumer par ces mots.

Réducteur. La vie n'est jamais une simple sentence sans contexte, mais plutôt une action située dans un environnement entraînant une réaction plus ou moins prévisible. Déterminisme ou libre-arbitre ? Libre-arbitre en réduisant, en observant de l'intérieur, en le vivant, mais Dieu doit trouver son monde tristement déterministe. Richard n'avait jamais vraiment choisi, ses choix n'en avaient pas été, ils s'étaient imposés à lui.

Le braqueur le fulmina du regard :

- Monsieur est un rebelle.

Vive la Récidive !

- Aucunement, ce à quoi vous aspirez par la violence, je l'ai rejeté par le renoncement.

Certains parlaient de vocation, lui répondait qu'il avait simplement suivi sa voie. Chacun a son destin. Le chemin est plus ou moins embroussaillé, plus ou moins encombré, parsemé d'embûches, de dénivelés, mais il y a toujours un point de départ et un point d'arrivée. Peut-être avait-il été trop passionné. Où peut-être son excès de sentiments était-il la voie rapide pour traverser la jungle des passions et se reposer dans le désert de la spiritualité. Toujours est-il qu'à 18 ans il avait été fou amoureux, marié, avec une voie toute tracée. Il avait trouvé la femme de sa vie. Son âme sœur, celle qui l'aiderait à atteindre son destin. Les choses s'étaient un peu compliquées lorsqu'il avait commencé à ouvrir les yeux. Oh, très rapidement. A 18 ans, les pulsions sont débordantes. Tant de passion frôlait l'hérésie et méritait l'anathème. Les fantasmes se heurtent aux tabous : les anges habitent-ils au même étage que les démons ? Le plaisir est-il toujours la conséquence d'un pacte faustien ? Dix huit ans, mûr pour le combat, armé d'inexpérience. Échec garanti. Il se disait qu'un unique chemin mène à l'absolu, à l'immortalité : la voie de la pureté, de l'idéalisme. Son mariage avait tâché cet utopique dogme immaculé, comme un poulpe en osmose avec son milieu, qui soudainement vide sa poche d'encre puis s'enfuit sur ses tentacules à l'aide de grandes enjambées désarticulées.

Vive la Récidive !

Ses aspirations voguaient sur d'autres sphères que la satisfaction primaire des sens. Le salut de l'âme ne pouvait s'accommoder des pulsions charnelles. Il avait donc rompu son mariage, et au passage, un cœur qui n'avait pas été prévenu de sa quête initiale. L'amour, cette voie de perdition, était consommée. Il brisa le cercle vicieux de la débauche et de la luxure. Les passions appellent les passions et conduisent au chaos.

Il avait 29 ans. Ces événements dataient de 10 ans en arrière. Une autre vie. Un sentier exploré puis définitivement abandonné. Plus jamais depuis ses émotions ne l'avaient submergé. Plus jamais il n'avait laissé une femme l'approcher. Le reproche de pêché que diverses sociétés ont rejeté sur la femme sert de prétexte aux phallocrates pour asseoir leur domination. Il ne partageait pas leur point de vue mais comprenait la notion de pêché. Passion quand tu nous tiens ! Quoi de plus beau que l'Amour. Mais la chair devait être transcendée pour atteindre la pureté. La civilisation était basée sur l'Amour, le mariage, la famille, les biens matériels. Autant d'obstacles à l'élévation spirituelle. Sa place n'était plus ici.

Le malfaiteur se leva et se planta à côté de lui, si proche qu'il entendait son souffle paisible :

- En gros, t'es un raté.

Richard ne prêta pas attention à la remarque désobligeante, destinée à déstabiliser trop d'assurance, et poursuivit :

- Le monde occidental dispose sans conteste d'une avance technologique, mais quand est-il du parcours de l'âme ?

Vive la Récidive !

Son âme seule lui importait, elle seule pouvait lui apporter la paix, le repos, le bonheur. Elle seule ne connaissait pas les limites du corps physique et conduisait au nirvana, à l'illumination. Le choix avait été très rapide. Au stade où il en était rendu, faire marche arrière aurait frisé le ridicule, et il confessait par souci d'honnêteté qu'il ne l'avait pas désiré. Il avait seulement souhaité s'aventurer au bout de son rêve.

L'autre se rapprocha encore, de plus en plus près :

- Un illuminé, c'est ma journée !

Richard sembla rapetisser et se pressa contre le mur, incommodé par cette proximité et refusant toute confrontation directe.

- J'imagine que tu dors sur un banc public et t'as jamais quitté le village où ta mère habite, se moqua avec assurance le bandit.

- J'ai vécu au Tibet à une époque où sa frontière était totalement fermé au monde occidental, répondit paisiblement Richard.

Aussitôt débarqué au Tibet pour se retirer dans un monastère anodin caché au fond des collines, sans être heureux ou surpris, il avait instantanément ressenti que sa place était là. Juché comme un nid d'aigle sur un piton rocheux qui dominait la vallée où grimpaient les champs d'orge, le monastère de Dzongsar dégageait une forte impression, médiévale et mystique. La plupart des bâtiments étaient peints couleur ocre et les façades arboraient de grandes branches verticales noires et grises, typiques des monastères sakyapas. Une centaine d'habitations monastiques s'étageaient sur le piton, entourant les temples et les résidences des principaux lamas dans un labyrinthe étroit d'escaliers et de ruelles pleines d'une tranquille effervescence : derrière le calme apparent, l'activité était intense, et au-delà de chaque porte entrebâillée, dans chaque temple et chaque cour intérieure, des moines travaillaient. Ils astiquaient des lampes à beurre, fabriquaient des tormas, gâteaux sacrés à base de beurre et de tsampa, ou imprimaient des drapeaux à prière. Se frayant un passage à travers les étroites ruelles, des moinillons aux pieds nus chargés de lourdes théières croisaient les pèlerins faisant dévotement tourner leurs moulins à prières. Un monastère tibétain était, selon sa taille, une ville ou un village, avec ses rues et ses places, autour desquelles s'organisaient temples et halls d'assemblée, collèges, réserves et maisons particulières. Les moines tibétains ne vivaient pas en communauté. Chacun occupait sa maison ou sa chambre dans le monastère, et à l'exception du thé pris en commun au cours de la prière matinale, et des repas de fête, chacun préparait ses repas. Les moines qui ne pouvaient pas être entretenus par leur famille devaient travailler pour vivre ; les moines lettrés gagnaient leur vie comme professeurs, d'autres fondaient un commerce, certains étaient artisans, peintres ou sculpteurs. Des moines se mettaient aussi au service d'un lama riche, travaillaient aux cuisines ou à l'entretien du monastère.

On atteignait les ermitages de Tsankhomg Drupuk, dispersés dans la montagne au-dessus du monastère, en traversant de magnifiques sous-bois de saules, de spirées, d'armoises et de genévriers ; des drapeaux à prières flottaient entre les arbres. Perdues dans la forêt, les petites cabanes de bois et de terre abritaient plusieurs moines retraitants ; une des grottes était occupée par un lama. Le principal lieu de retraite était juché sur d'énormes rochers, au pied desquels le torrent disparaissait. Disséminés dans les chaos rocheux, les nombreuses grottes abritaient des retraitants.

Parfois, un moine était attaché à leur service, pour préparer le thé et les repas. Nulle obligation d'être moine pour s'adonner à l'étude et à la méditation, et parmi les laïcs, les hommes comme les femmes étaient nombreux à consacrer au cours de leur vie de longs moments aux pratiques spirituelles, que ce soit chez eux, dans un monastère ou dans un ermitage.

Le modeste monastère, par sa seule présence, incitait au recueillement. Il ne ressemblait pas aux fastueux édifices secrets dévoilés lors des émissions de télévision, qui faisaient rêver et inspiraient le respect. Il n'était qu'un lieu atemporel peuplé de quelques moines indifférents à l'arrivée de Richard. Les moines vaquaient à leurs activités qui n'avaient rien pouvant éveiller les sens, particulièrement pour un occidental. Ils devenaient bhikkhu, moine bouddhiste, pour comprendre les enseignements de Bouddha, dont le principal est que toute possession matérielle est futile. Si le rêve d'exotisme n'était pas stoppé à cette barrière, la suite s'en chargeait : respecter le "patimokkha", le code monastique constitué d'un ensemble de 300 règles qui régissaient entièrement la vie du moine. Pour se donner une idée du côté festif de l'apprentissage, les principaux préceptes inviolables étaient de ne pas tuer, ne pas voler, ne pas mentir, ne pas avoir de relation sexuelle, et ne pas faire usage d'intoxicants. Pour se consoler, les bonzes étaient autorisés à posséder quelques étoffes pour se vêtir, une ceinture, un bol, un rasoir, un nécessaire à couture, et un filtre à eau. Pour l'occidental qu'était Richard, le parcours était loin des boites de nuit d'Ibiza !

- Hé ben t'as du t'ennuyer grave sur ton rocher, ça devait être bien monotone.

- Monotone ? Une activité qui se répète inlassablement et uniformément dans le temps génère la monotonie, mais notre notion du temps n'a plus cours là-bas. En quittant l'Occident je ne m'étais pas seulement projeté hors de l'espace, mais également hors du temps. Avant l'avènement des transports modernes, l'espace se limitait à la distance où nos pas nous portaient. Les progrès du transport ont ouvert notre espace. Mais nos esprits occidentaux s'accommodent mal de la possibilité du voyage dans le temps, accessible à condition de chevaucher le bon véhicule.

La curiosité du braqueur s'éveilla :

- Et tu as découvert quoi là-bas ?

- L'Asie recèle bien des mystères pour celui qui n'est pas initié. On y cultive la maîtrise du temps comme l'Occident cultive la maîtrise de l'espace.

Le braqueur fut déconfit par cette réponse ésotérique :

- Je vois, je vois, bon, reste face au mur et pas d'illumination.

Le pseudo-sage se passa la main dans ses cheveux longs et sombres, ses yeux extatiques fixèrent le preneur d'otages par-dessus les petites lunettes en demi-lune posées sur le bout de son nez.

Vive la Récidive !

- Selon vous, on ne peut être moralement irréprochable et sain d'esprit si on se lasse des succès, des plaisirs et des servitudes de la vie occidentale.

L'autre lui jeta un regard d'airain sans prononcer une parole supplémentaire, refusant de le suivre sur son terrain. Le moinillon continua sur sa lancée.

- Notre temps n'a pas cours en Orient.

Toutes identiques ses journées ? Oui. Monotones ? Non. Une suite d'instants présents constitue le temps. Il avait savouré avec délice chacun de ces instants. Pourquoi était-il revenu ? Peut-être n'était-il pas parvenu à la hauteur suffisante pour atteindre le sommet de la pyramide spirituelle. Il lui restait encore des tours de roue à accomplir avant d'achever son karma. Peut-être que son destin ne cheminait pas sur cette voie, que sa culture était trop différente, que le mal avait déjà gangrené la racine. Il savait seulement qu'après sept années de recueillement, la voix qui l'avait amené en ce lieu lui souffla de repartir. Il ne détenait pas d'explication. Son séjour était parvenu à son terme.

Il était donc revenu en France, sans se poser plus de questions qu'à son départ. Il n'avait pas exactement recommencé à zéro car il se sentait un nouvel homme. A nouveau plongé dans la course contre la montre des mégalopoles, il n'ignorait plus, cependant, que le temps n'existait pas. Il avait conservé un peu de cette sérénité qui habitait la montagne, là où seuls le vent et la nuit imprimaient un mouvement au jour. Elle lui transmettait une force et une arme inconnue des occidentaux, qu'il n'utilisait pas pour améliorer ses performances dans ce monde de compétition car cette notion ne le hantait plus. Il restait un spectateur de son époque, contemplant ses semblables avec un regard différent. Qui sait, peut-être avait-il atteint son but sans s'en apercevoir, ce que lui avait soufflé la voix qui l'avait poussé à revenir. Peut-être cet état de plénitude et de félicité dans lequel il baignait depuis son retour correspondait au faîte de la pyramide. La dernière étape était-elle cela ? Revenir au point de départ transfiguré, élevé ?

Sa présence dans cette banque cet après-midi-là était-elle une dernière épreuve ? Il lui portait le même regard indifférent qu'il portait à présent sur ce qui l'entourait. Indifférent n'était pas le mot le plus adéquat, il préférerait "sagesse", sans y joindre aucune prétention. S'il éprouvait encore des émotions semblables à celles de ces gens autour de lui, il les aurait plaint. Les victimes, l'agresseur, vivaient en dehors de leur corps, en désaccord avec lui, ils étaient déphasés, à la recherche d'eux-mêmes. Ils avaient peur de perdre ce corps qu'ils n'avaient jamais maîtrisé, peur de perdre ce temps qu'ils n'avaient jamais compris. Un gaspillage d'énergie sans en connaître la raison. Pourquoi ? Pour gagner de l'argent. Dans quel but ? Pour obtenir de la considération. A quelle fin ? Pour se sentir exister. Pourquoi ? Pour être persuadé de rouler très vite, comme la roue de secours dans le coffre de la voiture. Le monde occidental, toujours à courir, de plus en plus vite, de plus en plus tôt, si vite et si tôt qu'il en oubliait de savoir où il voulait aller.

Vive la Récidive !

Sur ces paroles, les deux compères se plongèrent dans leurs pensées, Jacques ouvrit un livre, Majid perdit son regard au-delà des barreaux, ses pensées s'évadèrent, et la journée s'écoula silencieusement.

Dix heures moins dix le lendemain, retour de promenade, Jacques pénétra dans la cellule, le visage écarlate, le tee-shirt trempé de sueur. Majid étira ses vertèbres cervicales en tournant lentement la tête de droite et de gauche, ouvrit un œil embrumé, le referma, ayant obtenu l'information qu'il cherchait, se retourna et se rendormit.
- Trop tard, tu es réveillé, inutile de faire semblant, taquina Jacques d'un air enjoué.
- Je ne sais pas comment tu fais pour te lever tous les matins et aller courir, quelqu'un te doit de l'argent ou quoi ? susurra d'une voix molle et traînante Majid.
Jacques sourit, retira son tee-shirt, le jeta dans le lavabo avec l'intention de le laver quelques instants plus tard, et commença dans un accès de jovialité :
- Je ne perds pas de vue que la prison ne deviendra pas mon quotidien. Il est impératif d'en sortir en présentant l'aspect, ne serait-ce que lointain, d'un être humain. Il est donc primordial de conserver une activité physique et cérébrale afin de ne pas sombrer dans la déchéance et la folie. Dans ce but, j'ai bien l'intention de courir régulièrement, plusieurs matins par semaine, dans la cour de promenade. L'adaptation et le temps ont permis de superposer des couches sur nos instincts :

amitié, sociabilité, moralité, civisme. La prison est une société plus basique, primitive, simple que la société extérieure, où l'on ne s'encombre pas de ces couches superficielles. Les comportements sont simplifiés. Ne t'y trompe pas, le monde extérieur n'est pas meilleur, les instincts sont toujours présents, mais camouflés derrière des protocoles si complexes qu'ils se transforment aisément en labyrinthe où se dissimule la sortie, autorisant toutes les déviances, toutes les perversités.

Majid lui adressait des regards mornes et fatigués, ses yeux s'écarquillaient à grand peine et ses idées restaient confuses, encore emprisonnées des bras de Morphée. Jacques n'y prêta aucune attention, il continua gaiement.

- Ma venue dans la cour pour faire mon footing éveille obligatoirement un esprit de compétition. Le non-sportif te classe scrupuleusement dans la catégorie "sportif", potentiellement plus dangereuse que la catégorie "en dépression". Celui qui se sent en état de pratiquer un peu d'exercice te jauge pour savoir à quel niveau s'élèvent tes performances par rapport aux siennes. L'humanité chercher à s'élever, les femmes sont attirées par ce qui brille, les hommes par le pouvoir qui rend brillant. Un être trop faible n'apporte rien, ce qui explique pourquoi on donne rarement aux pauvres, un trop fort te met face à tes propres limites, ce qui te dévalorise. La solution optimale consiste à s'associer avec un coureur d'un niveau supérieur en lui disant que ce matin, on se décontracte un peu, très léger, à 50% de son potentiel. Les regards extérieurs te classent dans un meilleur groupe que tes capacités ne t'y autorisent. Ensuite, on serre les dents, on court à 150%, et lorsque ton collègue te regarde, tu arbores ton plus joli sourire et tu lui dis sans paraître essoufflé : "ouais, ouais, light aujourd'hui, j'ai pas envie de forcer". Le plus difficile est de réussir à sourire et desserrer les dents lorsque chacun de tes muscles te cause une souffrance et que tu as envie de tout sauf de sourire. Ne vas pas croire que ce comportement est lié au monde bestial de la prison. J'observais des réactions similaires quand je courais au lac de la Muette, dans les quartiers huppés de Paris. Retour en prison. Si tu es un coureur d'un bon niveau et que tu souhaites conclure des alliances salutaires en ce lieu - l'union confère la force, une maxime prenant toute sa valeur ici - la tactique est de rester dans le peloton de tête, pour affirmer sa valeur, tout en sachant stopper suffisamment tôt pour ne pas vexer les retardataires. Donc les battre, si possible, mais seulement de peu. Une humiliation équivaudrait à un gant jeté au visage et aboutirait tôt ou tard à un duel, à l'opposé du but recherché. Quand courir enseigne l'art de la diplomatie !

Majid s'était rendormi lourdement, son activité préférée. Le temps consacré au sommeil voilait l'anxiété de la prison. Jacques devenait soucieux, triste même, et son visage préoccupé trahissait les pensées qui l'agitaient. Il continua ses réflexions sur le quotidien de la prison pour lui-même, à voix basse.

Le détenu cheminait toujours par une salle d'attente dès l'instant où il sortait de sa cellule. Le trajet usuel partait de la cellule, cheminait par une salle d'attente, accédait au lieu d'activité, repassait par une salle d'attente, et se terminait dans la cellule. Différents types de salle d'attente existaient. La cellule aménagée, 9 m2, vidée de son contenu, infâme, malodorante, si sale que personne n'osait s'adosser au mur, où jusqu'à 30 détenus pouvaient être parqués, se resserrant au milieu comme des proies emprisonnées au centre d'une toile d'araignée, correspondait au modèle le plus courant. Le modèle plus grand, toujours aussi dénué de meubles, de fournitures ou d'aménagements, couvrait approximativement la taille de 2 cellules. Le détenu ressentait un sentiment enivrant de liberté à la vue de cette vaste étendue, il pouvait rester debout sans être en contact avec quiconque, tourner librement sur lui-même et, suprême raffinement, faire quelques pas. Il est étonnant de découvrir que marcher sans but peut devenir un but. Déambuler pour exister ! Immobiles, figés hors de la vie, ils posaient un pied devant l'autre, puis l'autre devant l'un, et ils renaissaient.

Ensuite venait la salle d'attente modèle grand luxe, mieux entretenue, repeinte au moins une fois tous les 10 ans et balayée au minimum chaque mois, presque une salle comme on en trouvait à l'extérieur. Parfois des chaises y avaient été déposées. Les novices s'asseyaient dessus. Lorsque le surveillant ouvrait la porte, il leur adressait, en vagissant d'une voix nasillarde tel un campagnol qui se serait coincé les parties dans un piège, des réflexions désobligeantes en leur demandant s'ils se croyaient chez eux à prendre leurs aises. Les novices étaient interloqués, ils ignoraient que la pièce était utilisée comme débarras et les chaises y avaient été entreposées car on ne savait pas où les stocker. Le détenu, toujours à l'affût d'un mauvais coup, les empoignait et les utilisait.........comme chaises. Paroles inutiles d'un maton inoccupé qui aurait dû savoir, depuis le temps que ces scènes se répétaient, qu'elle se répéterait à nouveau la prochaine fois. Ôh toi, Grand Maître des clés, si tu ignores comment t'occuper, fais comme nous, agis comme nous, tourne en rond au lieu de parler pour ne rien dire, proposa Jacques en riant.

Il passa volontairement sous silence les salles d'attente des tribunaux car il était d'un optimisme naturel et inébranlable, il adorait rire de tout, mais ce sujet était trop délicat pour qu'il puisse en plaisanter. Environ un mètre sur deux, inclus un wc à l'ancienne et un lavabo hors d'usage, sans fenêtre, jamais aérées, jamais nettoyées, les détenus y étaient stockés à deux voire trois. Cela ressemblait à un chenil abandonné au dernier sous-sol d'un parking. A mon avis, se dit Jacques, une telle déchéance était intentionnelle afin d'humilier le détenu avant de le présenter au juge et ainsi s'assurer de sa docilité. Il n'avait jamais vu une photo de ces cellules d'attente. Un reportage à la télé avait bien mentionné les salles d'attente, mais avait omis de préciser que la cellule filmée était une cellule récemment rénovée du quartier des femmes, un quartier moins fréquenté que celui des hommes. On retrouvait la même légère différence entre une résidence sur la côte d'azur et le carton du vagabond parisien. La République s'exerce à imiter les propagandes des régimes totalitaires. Jacques restait dubitatif. Une dictature était-elle un régime où le leader régnait par les armes et une république un régime où le leader régnait par la manipulation ? Les deux étaient-elles si proches ?

Vive la Récidive !

Le nombre d'otages s'accroissait dangereusement, la situation deviendrait critique si d'autres étaient encore à venir. Le silence régnait en maître. Seul le battement des cœurs se faisait entendre. La parole était dépassée, les faits asséchaient les gorges et raidissaient les cordes vocales, aucune vibration n'était plus possible, chacun pensait à sa propre survie, évaluait ses chances et mesurait les risques. Une atmosphère étrange, pesante, étouffante, emplissait chaque recoin de la pièce avant le grand saut que tous redoutaient. La peur et l'impatience se lisaient sur les visages.

Collé au mur, un papillon s'affairait, indifférent aux événements tragiques qui se déroulaient. Que faisait-il là ? Il était, comme Majid, attiré par le nectar. Mais point de nectar pour lui à l'intérieur des constructions humaines. Il réalisa sa mégarde et s'envola à nouveau à la recherche d'une fleur inexistante. Il volait lentement, décrivait des zigzags verticaux au rythme du battement de ses ailes. Il se posa un peu plus loin sur le mur, surpris de ne pas rencontrer une corolle où plonger sa trompe. Ses deux gros yeux à facettes donnaient l'impression d'examiner la scène, tandis que ses deux longues antennes terminées en massue envoyaient des ondes qui exploraient ce que les sens des humains ne leur permettaient de percevoir. La présence ici de ce papillon fascinait par son incongruité. Ses ailes éblouissaient par leurs couleurs et leur beauté. Deux voiles peintes par un artiste et ligotées autour du corps rabougri d'un insecte. Un cerf-volant miniature égaré.

Vive la Récidive !

Un peu plus loin, une araignée ne montrait guère plus d'intérêt au drame qui se déroulait sous ses yeux. Le papillon est une œuvre d'art évoluant gracieusement dans les airs pour le plaisir des yeux, l'araignée incarne le négatif, la violence, la cruauté, tout ce qui inspire de l'aversion dans le règne animal. Prédateur sans pitié, elle immobilise ses proies vivantes, liquéfie leurs entrailles et les boit goulûment pour se rassasier. Comment une créature aussi vile et repoussante peut-elle créer une toile si ténue, délicate, efficace, à l'architecture si parfaite ? Un piège imparable, indécelable, quasiment indestructible. Un cadre en fil de soie épais supportait l'ensemble, des rayons formaient la structure, et partant du centre, un fil plus fin se déployait en cercles concentriques. Une forteresse invisible gardée par un cerbère aux multiples pattes velues, où chaque détail anatomique était conçu pour son efficacité dans la destruction de l'adversaire.

Dans le règne humain, cet animal aurait été mis au ban de la société tandis que le papillon aurait été érigé au rang de star. La nature suivait-elle une règle morale ? Une esthétique ? L'araignée était-elle moins jolie, moins utile que le papillon ?

Majid alluma la radio. Il cherchait une station potable. Il tomba par hasard sur une chanson qui fit resurgir en lui des souvenirs vibrants. La mélodie l'atteignit en son for intérieur, le heurta presque, le blessa, le laissa désarmé et sans force. Il songea que la musique rappelle à l'homme un souvenir de ses ancêtres luttant pour leur survie. Un son est synonyme de mort, un autre de réjouissances. Les sons se sont transformés mais parlent toujours, ils sont une symphonie d'amour au milieu des souffrances de l'existence, déclenchent l'envie de crier sa joie malgré les déceptions de la vie. Les corps résonnent à l'unisson d'une mélodie, telle une vague se berçant et se perdant dans l'océan. Lorsqu'une musique saisit une âme vagabonde, elle l'extirpe de son monde, de ses préoccupations, l'oblige à la suivre, esclave docile, béate et heureuse prisonnière d'un paradis acoustique, refusant de quitter ses chaînes. Se laisser emmener jusqu'à sentir la tête tourner, oublier le présent, l'existence, seulement ressentir, vivre, ne plus penser. Un moment d'évasion.

Jacques le regardait fixement, le jaugeait pour essayer de comprendre quel était cet être ambivalent, si sociable avec lui et pourtant dangereux pour ses semblables. Majid se leva de sa chaise, versa l'eau bouillante dans les verres. Une effluve de simili-café s'exhala au milieu des volutes de fumée.

Chapitre VII

Majid reprit avec exaltation.

- C'était l'ouverture de la banque, tout le monde profitait de s'y rendre à la première heure pour ensuite rejoindre son travail, ce qui n'arrangeait pas mes affaires, mais il m'avait été impossible d'agir autrement. L'ouverture et la fermeture sont, certes, les deux périodes d'affluence, mais aussi les seuls moments où la porte arrière s'ouvre.

Vive la Récidive !

Dans l'aimable laideronne éléphantesque qui s'engouffra dans l'agence, en traînant un peu les pieds comme un ours traîne les pattes, d'un pas inébranlable, propulsée par son physique vigoureux, comparable en cela à une locomotive ou un cheval de trait, le braqueur devina une fonctionnaire autoritaire, chef de service despotique. Elle évoquait le résultat du croisement d'un percheron à l'agonie et d'une chimère sans tête, avec les traits marqués de son visage informe, ses larges épaules tombantes, ses bras ballants, sa respiration caverneuse et sifflante, le tout dissimulé derrière une immense redingote masculine.

Elle émit un son de crécelle et ses orbites vitreuses se vrillèrent ignominieusement en découvrant la prise d'otages qu'elle vint compléter. A peine remise de ses émotions, avachie sur une chaise, elle s'entendit intimer l'ordre de raconter sa vie par le menu, décrire son travail, ses journées, ce qui l'avait conduit ici. Elle ne comprenait pas bien le sens de tout ceci, mais elle se dit en son for intérieur qu'il serait judicieux d'obéir.

- Ma scolarité s'est déroulée moyennement mais j'ai toujours travaillé durement, et j'ai avancé.

Son diplôme péniblement acquis en poche, elle avait trouvé un emploi dans une SARL. Après quelques mois, l'ambiance l'avait rapidement étouffée, beaucoup de promesses mais un salaire minimum et aucune perspective réelle d'avenir. Elle avait besoin d'une entreprise à la taille plus conséquente pour bénéficier d'une évolution concrète. Elle avait donc signé dans une PMI pour laquelle elle travaillait depuis quatorze mois lorsqu'un plan de réduction du personnel fut imposé par la direction, en accord avec le syndicat, lequel n'avait jamais consulté les salariés.

Décidément, ses premiers pas dans la vie active s'étaient annoncés trébuchants. Elle se serait volontiers dispensée d'apprendre au gangster qu'elle portait l'uniforme, car son activité lui bâtissait un pont de haine envers tout réfractaire à la force publique, mais puisqu'elle en était vêtue à ce moment, il était difficile de le cacher. Revêtue de son armure, elle se distinguait des autres femmes. Pour une fois, elle aurait préféré redevenir anonyme.

- Je souhaitais une situation sérieuse et sécurisante. J'ai pensé à la fonction publique. Pas de plan de licenciement, la sécurité, la solidité, une progression, tout ce que je cherchais.

Elle avait étudié toutes les possibilités d'y accéder, plus nombreuses qu'elle ne l'avait pensé car il existait encore certaines administrations dont elle ignorait l'existence. Un secteur avait retenu son attention, l'idée s'était précisée puis ancrée dans sa tête car plus elle prenait forme et plus elle lui convenait. Elle ne se distinguait pas par ses résultats scolaires, mais elle se présentait avec une licence pour un concours exigeant le niveau terminale, ce qui lui laissait une marge de manœuvre suffisante.

- Je suis entrée dans l'Armée de l'Air. Quelques mois de formation dans une première école à Nîmes, puis départ pour se spécialiser durant un an à l'école de Rochefort-sur-mer.

Elle avait toujours manqué de confiance en elle, d'assurance, mais soudainement sa vie s'illuminait. Elle avait réussi un concours, conduisant seulement à une école de sous-officier certes, mais tout de même un concours. D'autre part, elle figurait l'une des rares femmes dans un univers presque exclusivement masculin, et elle qui ne s'était jamais sentie très féminine, découvrit une facette désirable de sa personne qu'elle n'avait pas soupçonnée, au point que des hommes pouvaient se quereller pour décider lequel l'accompagnerait le soir en ville. Se découvrir des charmes enlumina sa vie de nouveaux reflets, et elle avait honte d'avouer qu'elle n'avait pas hésité longtemps avant d'en user pour favoriser sa carrière. Peu habituée à être investie du choix d'un prétendant, elle s'était montrée indécise, et elle avait finalement opté pour la solution la plus sérieuse. Elle était devenue la compagne d'un homme charmant, prévenant et attentionné. Bien que d'une vingtaine d'années son aîné, divorcé deux fois avec trois adorables enfants à charge, et quelques bénins soucis d'alcoolisme, il concrétisait ses rêves d'Apollon. Son grade d'adjudant-chef ouvrait des portes inespérées à l'élève qu'elle était. Par exemple, elle éprouvait de l'aversion pour certaines matières de sa formation, au point délicat où ses résultats frôlaient l'insuffisance. Si le correcteur se trouvait parmi le cercle d'amis avec lesquels elle avait passé la soirée précédente, la balance s'ennoblissait et s'allégeait. Chacun sa technique, pourquoi refuser une main secourable. Cette situation ne lui procurait pas que des amies chez les élèves, mais elle ne prêtait pas attention à ces jalousies. Finalement, elle était parvenue au bout de son année de formation, bien qu'elle ne possédait aucune prédisposition pour l'électronique. Le travail militaire était déterminé, planifié, il ne laissait aucune place à l'initiative, il suffisait pour y satisfaire d'être discipliné et de suivre les check-lists, y compris pour résorber la panne aléatoire d'un appareil. L'aléatoire également, avec beaucoup de discipline, se contrôlait, en appliquant le principe des statistiques, l'actuariat, déjà utilisé par les compagnies d'assurance ou suivi par la désintégration radioactive : on savait qu'au moins un accident ou une désintégration allait survenir, sans pour autant pouvoir prédire lequel, où et quand. Cette place, ce métier lui convenait, la rassurait, la valorisait et l'entretenait.

Elle s'était même habituée aux marches militaires pour les cérémonies à la place d'Armes. Au début, elle avait été outrée du ton que leur adressait le responsable de section, puis elle avait constaté qu'il évitait de s'égosiller en direction des femmes du groupe. L'occasion ne manquait pourtant pas. Pour sa part, marcher au pas lui demanda beaucoup d'effort, suivre la cadence en redressant le buste, maintenir la tête droite et simultanément balancer les bras très haut lui faisait perdre l'équilibre. Comment marcher en regardant devant soit bien haut, en suivant la personne qui vous précède et celle à votre gauche ? Sans fixer ses pieds, en balançant les bras jusqu'à hauteur des épaules ! Les bras servent de balancier pour conserver l'équilibre lors du passage d'une jambe sur l'autre. Il est rare d'être déséquilibré au point de devoir lever les bras jusqu'à l'horizontale. En marchant à un rythme imposé, c'est le balancement des bras qui provoque le déséquilibre ! Comme quoi toute activité, aussi bonne soit-elle, consommée avec excès, devient nocive. Elle dut toutefois reconnaître que les défilés militaires présentaient une allure majestueuse.

Vive la Récidive !

L'impression était différente lorsqu'on l'observait de l'extérieur, par exemple par l'intermédiaire d'un caméscope. Comme les rouages du mécanisme d'une montre qui, individuellement, se sentent désordonnées et inutiles, mais qui, sans le réaliser depuis la place qu'ils occupent, permettent au général d'être informé de l'heure exacte.

Sa formation achevée, elle bénéficia de deux semaines de permission, l'appellation correspondant aux congés payés du civil. Elle en profita pour retourner voir sa famille. Le retour de permission coïncidait avec le moment le plus important de l'année : le choix du lieu d'affectation. Elle s'était toujours sentie perdue dans une grande ville anonyme, mais elle espérait ne pas être expédiée dans un village perdu et froid où la base militaire représenterait la moitié de l'activité économique et sociale des environs. Les choix s'effectuaient par ordre de classement, elle avait quelque inquiétude car avec la place qu'elle occupait, elle voyait beaucoup plus de talons de chaussures qu'elle ne sentait de poussées dans son dos. En soi, ce n'était pas dramatique ou irréversible, car dans sept ou huit ans elle pourrait obtenir une autre affectation. Le principal était d'avoir réussi l'année d'études. Et elle n'avait pas encore dit son dernier mot. Sa crainte était de n'avoir le choix qu'entre des villes de l'Est de la France, sûrement très jolies, mais un peu froides à son goût. En ce cas, il lui resterait la solution de se marier avec son adjudant-chef préféré pour obtenir un rapprochement familial. Rochefort était une ville au climat agréable.

Vive la Récidive !

En somme, elle se situait à une époque charnière de sa vie, un carrefour de grands projets et de profondes pensées, alors quelle ne fut pas sa stupéfaction, en pénétrant dans cette banque, d'avoir à inclure dans ses projets l'éventualité d'une fin prématurée. Son statut de femme militaire ferme et convaincue ne sous-entendait pas un quelconque sang-froid. Bien au contraire, elle s'évanouit aussitôt et Majid dut lui appliquer une claque sans violence derrière la tête qui résonna comme une calebasse, pour lui faire reprendre avec peine ses esprits, puis il lui apporta une chaise sur laquelle elle s'affala avec le bruit de grincement des gonds rouillés d'une grille.

Jeudi après-midi, activité bibliothèque. Suivant les conseils de Majid, Jacques avait écrit un courrier au chef de détention pour être admis à la bibliothèque. Leurs deux noms apparaissaient sur la liste. La porte de la cellule s'ouvrit brusquement, avec violence, créant un appel d'air qui hulula comme le hurlement du vent s'engouffrant dans une grotte. Des reflets oranges se coulèrent à l'intérieur et dansèrent un ballet chatoyant. Un uniforme se tenait debout à l'entrée, une main appuyée sur son estomac pour tenter de soulager une crise de colopathie aiguë. Son visage exprimait la jouissance du poltron sans envergure qui libérait ses frustrations dans le pouvoir que lui octroyait la force publique. Il dégageait une odeur particulière, mélange des effluves fétides d'huile de ricin qui émanaient de ses aisselles, et des exhalaisons printanières de déchets uriques qui suintaient par tous les pores de sa peau de génisse, fleurant la pomme de terre régurgitée.

Vive la Récidive !

Ils marchèrent en rang, en silence. Jacques retrouvait la sensation de son enfance, lorsque la maîtresse ordonnait aux jeunes élèves de se mettre en rang en silence avant d'autoriser un déplacement. Cette idée le fit d'abord sourire car il avait passé l'âge d'être traité en enfant, puis grincer des dents il était effectivement traité comme un enfant. Il ne contrôlait plus rien, les décisions le concernant se prenaient sans concerter l'enfant qu'il était apparemment redevenu. La porte de la salle de lecture se referma derrière eux. Jacques déposa sa casquette sur la table, s'enfonça dans l'un des fauteuils, promena son regard sur les murs, explorant les rayons, le mobilier, s'imprégnant de l'atmosphère. Il se dit que c'était un endroit étrange, incongru dans l'enceinte d'une prison. Celles-ci sont le siège de nombreuses occupations ludiques, sociales, pénales, punitives, mais le plus inattendu est d'y croiser la culture, activité située bien haut dans la pyramide des besoins à satisfaire. Après une période de sevrage du superflu, le nouvel arrivant pouvait tenter de satisfaire ses besoins élémentaires. En prison, les besoins restaient très primaires, alors un sanctuaire comme une bibliothèque, incitant au recueillement, à la pensée, dans un univers conçu pour briser les exubérances, les excès, heurtait la logique.

La bibliothèque était une pièce plus grande qu'à l'accoutumée, où le regard profitait de ces mètres supplémentaires pour s'allonger. Les rayonnages fonctionnels, sans souci d'esthétisme, auraient plus convenu à l'atelier d'un bricoleur. Les rayons semblaient correctement remplis, l'art de combler les vides était bien maîtrisé. Il s'arrêta sur un livre mais n'osa le retirer de son emplacement de peur de découvrir un trompe-l'œil, une enveloppe sans texte similaire aux décorations dans les cuisines mises en expositions pour la vente dans les grands magasins. Il franchit la limite, craint de le regretter, s'empara du livre. Son poids le surprit, il ne s'attendait pas à si lourd. La couverture d'un livre factice qui sert de décoration est extrêmement légère. Celle-ci pesait son pesant de papier. On aurait presque dit un vrai livre. Belle imitation. Il se dit que Majid ne serait pas en ce lieu s'il avait fait preuve d'un professionnalisme aussi parfait dans la réalisation de ses délits. Il franchit un pas de plus dans l'interdit, qu'il regretterait peut-être. Il ouvrit le livre. Des pages à l'intérieur. Des lignes d'écriture. Un autre pas en avant. Il déchiffra une phrase. Stupéfaction : c'était une vraie phrase. Avec de vrais mots. Il resta interloqué. Plus besoin de s'évader, le monde entrait soudainement à l'intérieur de la prison.

Bientôt un an d'instruction pour Jacques, un an de détention préventive. Notification ce matin-là. La roulette russe. Une notification pouvait être un jugement par défaut qui resurgissait, ou un sursis, ou parfois une bonne nouvelle. Jacques n'était pas un délinquant ordinaire, il n'avait pas d'antécédents judiciaires, donc aucune crainte de voir resurgir des démons du passé. Il espérait une bonne nouvelle, et pourquoi pas une libération car, même si les faits, les prévisions, l'expérience s'y opposaient, une lueur d'espoir brillait toujours.

Majid l'observa à son retour du bureau où l'administration lui avait remis et fait signer sa notification, pour mesurer son degré d'inquiétude, d'angoisse ou de joie. La nouvelle était mitigé, pas de jugement antérieur qui n'existait pas, pas de libération immédiate hautement improbable, il avait seulement été informé de sa date de jugement à venir. Dans trois semaines. Enfin !

Il serait fixé sur la durée de détention et un espoir ténu l'habitait d'obtenir une condamnation légère et de sortir prochainement. La lueur d'espoir enluminait son âme et lui rappelait que le danger n'était ni dans l'emprisonnement ni dans la durée de détention, mais dans l'espérance. Une étincelle d'espoir et le moral grimpait en flèche, un grand coup de vent suffisait à le balayer, il retombait en chute libre, ce phénomène de va-et-vient épuisait. Il était salubre d'adopter une attitude fataliste, simplement attendre l'ouverture de la porte plutôt qu'espérer inutilement, puisque aucune intervention du détenu ne pouvait avancer la date de sa sortie. Rester paisible, avec sagesse, d'autant que si la condamnation à venir était lourde, il reviendrait du jugement effondré. Le jugement pouvait signifier qu'il serait libéré dix jours plus tard, ou bien qu'il n'avait effectué qu'une moitié de sa peine.

En dépit de cette incertitude, il ne réprimait qu'avec difficulté cette lueur d'espoir qui l'enflammait. Les émotions ne se maîtrisent pas aisément, c'est souvent bien dommage, c'est parfois bienheureux. Si cette lueur s'évanouissait, que le monde devenait exclusivement cartésien, peut-être l'humanité ne trouverait-elle plus de raison de poursuivre sa marche. Progresser consiste à suivre cette déraisonnable étincelle. Alors il se comportait conformément à sa nature, il espérait pour ensuite être déçu. Sa libération n'interviendrait qu'une fois, mais combien d'étincelles se seraient allumées, aussitôt éteintes ? Combien de faux espoirs déçus devrait-il encore subir ?

Vive la Récidive !

Jacques était allongé sur son lit, les yeux rivés au plafond, plongé dans ses pensées. Ses lèvres frémissaient de façon presque imperceptible, laissant échapper des mots qu'aucun son ne matérialisait. Majid, toujours aussi caustique, ne laissa pas échapper l'occasion de se moquer gentiment de lui.

- Tu parles tout seul maintenant ?

- Si on veut oui. En explorant mes souvenirs, je me remémore ces dimanches matins calmes où la vie se poursuivait au ralenti, les rues désertes, les bruits enfuis, la ville endormie d'un sommeil réparateur après les excès du samedi soir. Une atmosphère particulière régnait, candide et chargée de l'optimisme d'un nouveau départ après une semaine frénétique de travail et de débauche.

La vie en prison était perçue de l'extérieur comme une suite d'attentes interminables, vides de contenu, avec la monotonie pour principale amie. Pourtant la différence de rythme entre la semaine et le dimanche matin se ressentait avec autant d'intensité qu'à l'extérieur. Peut-être était-ce un souvenir de son ancienne vie, ou était-ce effectivement une journée privée d'action, sans rien à attendre, vide d'espoir et de motivation, une journée à dormir. Qu'est ce qui différenciait réellement le dimanche matin d'un jour de scmaine ? Qu'apportait la semaine qui n'existait plus le dimanche ? Ces petits riens grâce auxquels il se sentait exister, les attentes, les rendez-vous (chez le médecin, le Chef de Détention,...), les activités, qui segmentaient la journée et créaient l'illusion du temps qui s'écoule.

Vive la Récidive !

Une journée était remplie lorsqu'on y avait rangé un maximum d'unités de temps.

Dans le sillage du dimanche ne cheminait aucun espoir, la cité préférait dormir, les rue de Paris étaient désertées, la prison respirait au ralenti. Ce n'était pas la semaine de travail qui avait épuisé la plupart des détenus, car aucune activité ne justifiait un besoin de sommeil. Ils avaient seulement perdu l'espoir.

Le lundi la semaine recommençait avec ses bruits habituels, les déplacements dans le couloir, les portes qui s'ouvraient, se refermaient, les cris, les bribes de musique qui s'échappaient, les chariots qui circulaient. La fourmilière s'agitait et rappelait que la vie avançait, la liberté s'approchait, à petits pas pour certains, faiblement, mais cet instant vécu en détention était un instant de gagné, un effort à fournir qui appartenait au passé, un moment de moins à flotter sur le ruisseau qui les emportait vers la liberté.

Le dimanche, rien, un lac immense, plat et calme, dont aucune ride ne flétrissait la surface, d'où rien ne pouvait advenir. Rien de pire, rien de plus angoissant. La vie était mouvement, la prison était immobilisme, particulièrement le dimanche.

Majid reprit son récit. Parler lui évitait de réfléchir et détournait l'attention de Jacques pour lui éviter de ruminer des idées noires. Ils étaient tous les deux gagnants.

- Tu crois que j'en avais fini avec les clients de la banque ? Eh ben non, un vrai défilé j'te dis. Après j'ai eu droit à un bon ouvrier en costume cravate, bien docile et stupide.

Chapitre VIII

La vie de Raymond le satisfaisait, il avait tiré son épingle du jeu. Avec son BTS d'électrotechnicien en poche, il avait décroché un emploi dans un bureau d'études. Un travail peu captivant, mais enrichissant. Il avait fait ses premières armes et transformé son diplôme en réelle compétence. L'école avait radoté ses monceaux de généralités, bassiné les étudiants d'apprentissages par cœur et de tableaux et de graphes qui les persuadaient de leur grand savoir. Arrivé en entreprise, les jeunes travailleurs étaient confinés à des tâches subalternes et insérés dans une hiérarchie qui ne les valorisait pas. Son supérieur direct n'était pas titulaire d'un cursus meilleur que le sien, mais Raymond était sans conteste cantonné au rôle de subalterne. En l'honneur de quelle vertu ? Il avait fini par comprendre que c'était l'ancienneté de son chef qui lui avait conféré le droit d'être devenu l'un des ingénieurs responsables d'une partie du projet. Par la suite, il prit conscience de la pertinence de cette échelle hiérarchique. Son programme scolaire comportait des titres ronflants et des sujets pédants bien éloignés de la réalité pratique et du savoir-faire nécessaire pour combler les attentes de l'entreprise. Dès qu'il eut obtenu un peu d'autonomie, il s'était vu perdu, incapable de mener à son terme la moindre tâche. Depuis ce jour sa hiérarchie était, de contrainte, devenue sécurité. Le strict costume sombre qu'il avait fini par endosser, s'ajustait mieux à son humilité naissante que les polos colorés qu'il exhibait à ses débuts. Il y avait auparavant dans ses manières une gravité et un calme si hautain que les conversations cessaient quand il parlait. Son visage en lame de couteau accentuait le profil affilé d'une créature incisive, sans âge. Ses oreilles paraissaient entendre plus qu'il ne se disait, et sa parole lente avait des nuances de compréhension au-delà des pensées.

L'école ne l'avait pas préparé à ce qui l'attendait. Elle lui avait fourni tant de cartes qu'il se faisait l'effet d'un tricheur, mais au moment de s'installer à la table de poker, il ne savait même pas constituer une simple paire. Pourquoi autant d'études pour manquer l'essentiel ? Pour se rassurer ? Pour paraître sérieux ? Bien que chacun des trois ingénieurs était capable de prendre en charge, à lui seul, la conduite du projet, des satellites humains au rôle obscur gravitaient au-dessus d'eux. Il réalisa qu'un projet était bien plus qu'un circuit électronique répondant aux critères du cahier des charges. Il fallait lui adjoindre un lot de contraintes - financières, commerciales - dont la maîtrise n'entrait pas dans ses attributions.

Une période de remise question avait suivi. Imbu de son savoir en arrivant, au bout de quelques mois il doutait de tout. Le plan de carrière programmé dans son esprit avant d'avoir posté le premier CV semblait déjà compromis. Il devait acquérir et confirmer ses capacités dans l'emploi qu'il occupait, et, seulement ensuite, débuter son ascension. Un mauvais départ qui s'accompagnait d'un salaire basique lui permettait à peine de s'offrir une voiture bas de gamme. Son ambition était brisée avant d'avoir pu s'exprimer !

Il vivait comme tout le monde. A ses moments perdus il se plongeait dans un journal. Chaque catégorie socio-professionnelle possède son journal attitré. L'argus automobile ou la centrale des particuliers symbolisaient l'emblème à laquelle s'identifiait son groupe socio-professionnel. Les journées de travail moins soutenues, le vendredi par exemple puisqu'ils se décontractaient pour un départ en week-end progressif, ils feuilletaient goulûment les deux simultanément, pour comparer les prix, se tenir informés du marché réel de l'occasion, etc.

Le choix de ces journaux se posait comme un évidence. Ils s'instruisaient sur ce qui suscitait leur intérêt. Quoi de plus intéressant que leur principal objet de convoitise, celui pour lequel ils s'escrimaient trente-cinq heures par semaine. Ils étaient avides de connaître tout ce qui le concernait afin de dominer le sujet pour effectuer les meilleurs choix lorsque ceux-ci se présenteraient.

Déambuler nonchalamment devant un kiosque à journaux dans un hall de gare, de métro, soulève une question : pourquoi autant de journaux différents sont-ils édités et qui les lit ? Qui peut s'intéresser à un journal rédigé comme un roman ? L'idée de perdre son temps à lire un roman déclenchait en lui une crise de furonculose répulsive, alors un journal écrit comme un roman ! Il avait même observé un énergumène lisant le "Wall Street Journal" ! Avaler "Le Monde" ne

Vive la Récidive !

s'annonce pas comme une sinécure, mais tenter de l'ingérer en langue étrangère dépasse l'entendement ! Il imaginait que personne ne s'y intéressait sincèrement, la véritable motivation était comparable à celle qui provoquait le choix d'un modèle de voiture, ou sa couleur : se démarquer.

Ce jour-là il lisait "Carrières & Emplois". Sans raison particulière. Ces événements anodins et inattendus qui provoquent un séisme portent usuellement le vocable de "destin". Ou plus rationnellement, anxieux en contemplant le spectacle désolant de ses désillusions professionnelles, il cherchait inconsciemment dans ce journal une réponse. En consultant la multitude d'offres d'emploi qui correspondaient à son profil, il avait réalisé qu'il lui était loisible de quitter son emploi actuel et accéder à d'autres horizons plus exaltants. Il souffrait de ses espérances déçues, il avait besoin d'une occupation plus valorisante. Il avait répondu à plusieurs annonces très éloignées de sa fonction actuelle.

Il ne savait pas pourquoi il avait finalement signé avec cette société-là en particulier. Suite à une annonce, il avait envoyé sa candidature, un entretien lui avait été proposé, auquel il s'était rendu, puis un deuxième, un troisième, et enfin un contrat avait atterri sur la table devant lui, et il l'avait signé. Que pouvait-il faire d'autre ? Il ignorait où déboucherait ce toboggan sur lequel il se lançait, mais il aspirait au changement, à briser l'ennui de sa routinière et dévalorisante existence. Cette prise de risque, inhabituelle et décalée par rapport à son tempérament sécuritaire, s'avéra être une décision lumineuse.................jusqu'au court-circuit présent. En signant ce nouveau contrat, il avait ripé du bureau d'études au service après-vente. Une apparente rétrogradation. Ses compétences techniques perdaient de leur primauté, une partie était remplacée par une attitude commerciale, et les techniciens purs et durs voyaient d'un mauvais œil la mise en forme démagogique de leurs collègues commerciaux en costume cravate. Le statut de spécialiste et l'aura de compétence qui l'accompagnait étaient remplacés par un titre plus hermaphrodite. Il s'attendait à être déçu. Souvent nos espoirs nous trompent en nous prenant à contre-pied : on soupire de joie car on pressentait pire, et de déception car on espérait mieux.

Une voiture lui avait été fournie, de gamme moyenne, mieux que ce que lui autorisait son salaire de bureau d'études. Il disposait d'une totale liberté dans son emploi du temps et son travail en général. Un seul impératif : le client téléphonait pour une panne, il avait obligation de le dépanner dans le respect des termes du contrat préalablement signé. Sans oublier l'essentiel : son salaire de base était supérieur au précédent. Il ajoutait la voiture fournie gratuitement et personnellement attribuée, donc utilisable y compris les jours de repos. Il complétait avec les primes d'astreinte. Certes les astreintes étaient à effectuer, mais il était jeune et dépensier, il préférait assumer des contraintes professionnelles et augmenter son salaire. Il terminait avec les heures supplémentaires et l'ensemble lui fournissait une somme rondelette à la fin du mois.

Vive la Récidive !

La vie est constituée de cycles, parait-il. Peut-être était-ce l'apprentissage qu'il faisait à ce moment-là. Il dépérissait comme étudiant moyennement doué et totalement désintéressé par les études, un mauvais augure pour son avenir. Il s'était orienté vers une filière technique qui avait changé sa vision de l'école, enfin du concret, un apprentissage pragmatique. Il s'était rué dans la vie active imbu de son savoir, de sa motivation. Il n'avait rencontré que des désillusions. Il avait changé de travail, un peu à son insu, sans véritable préméditation, et les attentes qu'il n'espérait plus avaient été comblées. Sa vie se déroulait enfin selon ses désirs.

A l'instant présent, dans cette banque il vivait un canular, ou bien il déambulait au beau milieu d'un tournage de film, mais il ne repérait ni la caméra, ni le metteur en scène. Seuls les acteurs se mouvaient ici, dans une répétition générale, chacun impliqué dans son rôle. Quelle sensation de réalisme ! Inutile de lui répéter de ne pas bouger et rester face au mur, il comprenait très bien du premier coup. Il ne pouvait s'agir que d'un film, sinon comment expliquer la présence d'une arme. C'était interdit, des lois existaient, tout de même ! Ou un spot publicitaire. Il allait l'entendre le responsable, il aurait aimé auparavant qu'il lui demande son avis. Il ne souhaitait pas qu'à son travail ils sachent qu'il avait tourné dans une pub en plein après-midi, pour la raison qu'à ce moment de la journée, il était censé se rendre chez un client, et non à sa banque. Ils pouvaient faire leur travail sans nuire au sien. D'autant plus qu'il aurait été ravi d'apparaître comme figurant (il avait toujours trouvé son profil gauche photogénique), mais pendant ses heures de loisirs, pas comme cela, à l'improviste, tel un voleur.

Le brigand lui lança un regard de défi pour lui intimer d'accélérer, ce à quoi il répondit sans se montrer intimidé :

- Je comprends vos motivations et la nécessité de saisir vos scènes avec le maximum de réalisme, mais je ne tolère pas d'être chahuté.

L'agresseur le regarda, éperdu, inclina la tête avec l'air de celui qui cherche l'inspiration, avant de tourner à nouveau vers lui un regard chargé de haine farouche. Raymond sentit le sang affluer et son visage s'empourprer de frayeur. Il bégaya quelques postillons inintelligibles. Le truand gronda une onomatopée inquiétante. L'impudent Raymond réalisa le grotesque de sa méprise et tenta de rejoindre une position moins tangentielle :

- Heu, je vais me ranger à côté des autres, le long du mur.

Le regard du malfaiteur le poursuivit, méprisant.

- C'est ça, sans faire d'histoire.

Raymond s'exécuta puis se retira en lui-même pour être certain de ne plus commettre d'impair. Il prit totalement conscience de la situation à ce moment-là. La peur le submergea, il suait à grosses gouttes et son œsophage émettait des sons qui rappelaient le bruit d'un gargouillis d'eau. Dans la banque, le silence retomba.

Chapitre IX

Vive la Récidive !

Jacques savourait le plaisir de la cellule triplette qu'ils partageaient à deux. Ils avaient de l'espace, ils pouvaient se mouvoir, ils n'étaient pas contraints de camper sur leur lit du matin au soir. Ce simple détail, pouvoir se lever, étirer ses jambes, faire quelques pas, rendait la détention moins insupportable. Le bonheur ne dure qu'un temps, quel qu'il soit. Il ne fallait pas espérer que cette situation puisse se prolonger indéfiniment. Déjà que bénéficier d'une triplette était un avantage inestimable, il ne pouvait pas s'attendre à en bénéficier bien longtemps à deux détenus seulement. Et ce qui devait arriver arriva.

Jacques regarda avec inquiétude ce nouveau venu faire son entrée dans la cellule. Il accourut vers lui, s'empressa de lui tendre la main en signe de bienvenue. Ce n'est pas qu'il appréciait la compagnie, mais celle-ci étant imposée, il souhaitait que la cohabitation soit le moins pénible possible.

Nacer CHAÏEB, surnommé Jojo, une appellation mi-affectueuse, mi-péjorative, en raison de son caractère calme, docile, de son attitude de proie plus que de prédateur, était un jeune homme brun aux cheveux crépus, aux sourcils en broussaille, aux yeux noisette qui projetaient un regard chaleureux. Il défroissa son blouson, le posa sur un cintre qu'il accrocha sous le support à l'extrémité duquel était fixé la télévision. Il ajusta sa casquette sur son crane, esquissa un sourire forcé, et empoigna la main tendue par son nouveau compagnon d'infortune, puis ses mains disparurent dans les poches de côté de son blouson.

Vive la Récidive !

- Pourquoi es-tu ici ? s'enquit timidement Nacer, estimant de bonne politique de ne point trop désabuser son interlocuteur. Il ne cherchait pas tellement à le savoir, mais c'était la phrase de présentation habituelle en prison, comme on dit dans la vie " Comment ça va ? ". On sait comment ça va en prison, ça va mal, donc on invite l'autre à s'épancher sur ses malheurs. Puis son regard se posa sur la pile de livres posée à l'extrémité de la table.

- Je pourrai au moins lire, si le temps me parait trop long, considéra-t-il soulagé.

En arrivant en détention, un chef de détention l'avait reçu. Il lui avait dévoilé qu'il projetait de suivre une formation par correspondance. Le chef lui avait répliqué que des cours étaient dispensés à l'école à l'intérieur du bâtiment et qu'il s'arrangerait pour le mettre avec quelqu'un de calme en cellule. Effectivement, la pile de livres, les journaux éparpillés sur les livres, la télévision éteinte, l'absence de musique diffusaient une atmosphère austère et studieuse.

Nacer poussa un soupir de soulagement, il souhaitait mettre à profit son temps de détention pour préparer l'examen de génie climatique qu'il convoitait depuis quelques années déjà. Il était perdu dans ce nouvel univers, démuni matériellement, affectivement, humainement. L'absence de communication avec sa femme lui faisait cruellement défaut, il cherchait à la joindre, par tous les moyens, il en avait besoin, pour continuer à exister, à avoir une identité, une réalité, pour se distinguer d'un dossier administratif avec un numéro de matricule inscrit sur la couverture. Impossible de lui parler, les délais d'acceptation des permis de visite étaient d'environ deux mois, impossible de lui téléphoner, ce n'était pas l'Angleterre, les États-Unis, la Hollande, l'Espagne, bref un peu partout sauf dans cette France des droits de l'Homme et des cachots réprouvés par la Communauté Européenne à l'unanimité. Il ne pouvait communiquer que par courrier postal, avec des délais particulièrement longs et pénibles d'environ un mois pour la réception ou l'émission d'une lettre puisque tout pli transitait par le bureau du juge. Il n'avait ni feuille de papier, ni enveloppe, ni même un stylo ou un timbre.

Il n'y tint plus, surmonta son appréhension et sa réserve et demanda à Jacques, dont il venait tout juste de faire la connaissance, si ce dernier pouvait lui fournir de quoi écrire. Une seule lettre, un bout de papier pour communiquer avec sa femme.

Jacques n'hésita pas un seul instant. Il avait conservé certaines habitudes de l'extérieur, n'avait pas tout converti en valeur marchande pénitentiaire. Une feuille de papier, un stylo en plastique restaient des objets sans valeur qu'on pouvait se procurer à chaque coin de rue pour trois fois rien. Il n'avait pas encore intégré que dans son nouvel environnement de vie, il n'y avait plus de coin de rue, et que trois fois rien était infiniment plus que rien du tout. Nacer était soulagé. Il remercia chaleureusement Jacques de le dépanner sans rien vouloir en échange, mais ne put s'empêcher de lui offrir une cigarette blonde en le voyant fumer un médiocre tabac à rouler. Partager une cigarette intra-muros s'assimilait à prendre un verre à l'extérieur. C'était un acte amical, pas une indemnisation. Cela conclut le marché.

Vive la Récidive !

Nacer profitait de cet instant d'accalmie pour humer cette cigarette décontractante, il laissait errer ses yeux sur le dénuement du local. La cigarette symbolique avait créé un lien, ils se sentaient plus proches, plus humains, ils possédaient la richesse des pauvres, ce qui l'incita à s'épancher :

- Travaillez, travaillez, qu'ils disent.

A présent les politiciens surprotégeaient les citoyens par une multitude de lois, d'obligations, d'interdictions. Le citoyen se sentait en sécurité. Le travailleur plus encore. Mais à l'époque où son père commença à travailler, en quête d'un quignon de pain quotidien pour nourrir sa famille, rien de cela n'existait. Travailler, un point c'est tout. La seule exigence était la distance entre le lieu de travail et le domicile car la voiture personnelle n'était pas accessible comme aujourd'hui. Peu importaient aux ouvriers ce que fabriquait l'usine, ils étaient payés pour une tâche, l'accomplissaient, étaient rémunérés et s'estimaient très heureux. Du personnel qualifié recevait un salaire substantiel pour diriger, organiser, décider. Des odeurs nauséabondes exhalaient dans l'usine. L'habitude les rendaient inodores. Les anciens toussaient, à cause de la cigarette, pensait-on. Tous les fumeurs savent que la gorge est irritée le matin lorsqu'elle attend impatiemment sa ration de fumée. Réveil, une cigarette, un café, c'est reparti. Les médecins ? Des pédants qui s'imposaient en hommes omniscients dont les services se monnayaient excessivement chers. Aucune mutuelle n'existait. La logique imposait de rencontrer le médecin le moins souvent possible, on économisait de l'argent durement gagné et on n'avalait aucune pilule abjecte qui donnait la nausée. Lorsqu'il avait bien fallu se rendre à l'hôpital, il était trop tard, le mal avait attaqué les deux poumons.

Nacer avait trois ans. La cigarette n'avait quasiment aucune responsabilité, guère plus que les effets des gaz d'échappement d'une voiture au milieu d'une explosion atomique. L'usine et les produits chimiques où travaillait son père avaient causé sa perte. Ils étaient totalement prohibés maintenant et leur seul évocation provoquait un frisson d'inquiétude. Pour les manipuler, une combinaison isolante intégrale et un masque étaient de nos jours obligatoires. A l'époque de son père, les seules protections s'appelaient production et rentabilité. Le procédé satisfaisait tout le monde, les ouvriers trouvaient du travail, aucun d'entre eux n'atteignait les trente ans d'ancienneté, aucune retraite à verser. Son père fit parti du convoi mortuaire. L'expression "maladie du travail" était apparue bien après, et quand bien même elle aurait été usitée, reconnaître la nocivité des produits manipulés aurait signifié réviser la légitimité de l'entreprise. Personne n'en serait sorti gagnant. Son père parvenait à payer le loyer et nourrir sa famille, il en retirait de la fierté et du bonheur. Le patronat s'enrichissait, sa progéniture bénéficiait d'une enfance privilégiée, ils poursuivaient leurs études dans les meilleurs établissements, deviendraient juges ou hommes politiques, dictaient leur comportement à leurs semblables.

A la mort de son père, la mère de Nacer ne pouvait pas subvenir aux besoins de ses sept enfants. Elle ne pouvait pas et ne savait pas, car elle n'avait pas été habituée à prendre des initiatives, des décisions, elle ne s'en sentait pas la force. Les rôles étaient bien distincts, c'était sur le père que reposait la cohésion matérielle du foyer. La crainte de ne pas faire face, de ne pas réussir à assumer ses nouvelles responsabilités, et la peine d'avoir perdu son époux, la conduisirent dans un état de torpeur mélancolique. Au lieu de redoubler d'énergie, ses forces l'abandonnèrent. Aujourd'hui, les psys qualifieraient son état de dépressif, la déclareraient malade et la soigneraient. A l'époque personne ne lui avait tendu la main. Les factures s'étaient accumulées aussi vite que le frigo s'était vidé.

Une période difficile avait suivi. Nacer avait souvent faim. La rue devint son repère, il s'y distrayait plus qu'à la maison, et n'y mangeait pas moins. Il ignorait d'où venait cette expression : "à la maison". Il n'avait connu que des HLM hauts comme des tours Eiffel, aussi nombreuses et resserrées que des épis de maïs dans un champ, où il se liait d'amitié avec des individus comme lui, fiers et rusés par nécessité, l'estomac parfois trop rempli, mais souvent un peu vide, ce que personne n'avouait. Lorsque l'estomac côtoyait de trop près les talons, trouver une solution s'imposait, une alliance avec un revendeur, un petit boulot de receleur. L'entraide était de mise, elle n'était pas produite par civisme, mais par intérêt mutuel. Quand votre mère pleure car elle est dans l'impossibilité de payer les factures, aucune question métaphysique ou morale n'intervient, obtenir de l'argent devient une activité aussi nécessaire que respirer. Aucun des philosophes bedonnants, intellectuels rondouillards et autres donneurs de leçons suintant le saindoux dans le fauteuil rembourré de leurs luxueux bureaux n'a vécu une situation qui lui permette de le comprendre. Aucun raisonnement, nul décret ne remplace ou n'explique l'émotion ressentie en voyant sa mère pleurer parce-qu'elle ne peut pas nourrir ses enfants.

Son enfance s'était déroulé entre ces murs de cité, dans le gris et la pénombre. Un ghetto en périphérie d'une ville, un bastion reculé, leur territoire. Leur seule possession. Les murs des appartements étaient si fins que les histoires familiales étaient publiques. Aucun secret ne résistait aux innombrables heures passées dans la rue, à tenter d'exister, les stigmates de la vie familiale tatoués dans les expressions du visage. Les coins et recoins sous les halls, dans les caves, au bas des cages d'escaliers étaient fréquentés avec assiduité.

Tel local désaffecté à l'origine était aménagé en réserve de pièces détachées de scooters, motos et voitures. Provenance anonyme bien que trop connue, traçabilité inexistante. Dans le bâtiment suivant, le même local était converti en atelier de montage. Au coin, sous le porche, avec une deuxième sortie par derrière en cas d'urgence, officiait leur "pharmacien", à l'aide d'herbes, de résines, de dérivés d'opium. C'était un spécialiste qui s'attaquait à toutes les maladies. Rien ne lui résistait, les maux de tête, les maux de dents, le mal de vivre. Il possédait un stock minimum sur place mais n'était jamais à court. Livraison rapide, tarif dégressif en fonction de la quantité, facturation en panne, paiement comptant.

Vive la Récidive !

Nacer s'estimait privilégié. Son père n'avait jamais frappé sa mère ni les enfants. Paix à son âme, il aurait eu du mal, de toute façon, s'il en avait eu l'intention. Sa mère n'avait jamais vraiment guéri de sa dépression, mais elle avait toujours couvert d'amour sa progéniture autant que son cœur pouvait en fournir. Les bons sentiments constituaient un luxe dans leurs quartiers, bien que la vie s'abreuve à leur source. Grâce à l'amour de sa mère et au souvenir de son père qui s'était tué à la tâche pour sa famille, en dépit de sa pauvre condition matérielle, Nacer était parvenu à refuser le destin qui lui était tracé.

Il était intégré. Évidemment, il rangeait au garage son scooter neuf, dernier modèle, payé en cash à un prix inférieur à son prix de fabrication, mais il n'était pas devenu grossiste en pièces détachées, ou accro au pharmacien. Il n'était pas receleur, voleur, ou dealer à plein temps. Il avait un métier. Pas un service rendu, pas un job de quinze jours, un vrai emploi. Il travaillait dans la climatisation, une profession tranquille, correctement rémunérée, et surtout jamais de descente de flics ! Sa mère était contente, au moins un de ses fils était sorti du ghetto, elle en parlait fièrement dans le quartier. Elle avait raison d'adopter une démarche altière, car c'était grâce à elle et pour elle que la vie de son fils suivait le cap sécuritaire d'une progression lente et laborieuse, mais sûre et sociale.

Le travail de Nacer lui assurait l'indispensable et le mettait en contact avec des gens sérieux, stables, solvables, sans histoires, cherchant un moment d'évasion le samedi soir. Un petit joint leur apportait ce moment d'évasion. La plupart ne connaissait pas de dealer fréquentable faisant office d'agence de voyages. Nacer les dépannait, ce qui leur évitait de devoir se rendre dans son quartier sensible pour rencontrer le pharmacien. Il arrondissait au passage ses fins de mois. Il n'avait pas établi un marché florissant, seulement du dépannage, de quoi s'offrir une voiture qui n'inspire pas la pitié, des fringues qui ne lui donnaient pas l'allure d'un mendiant, un cadeau pour sa femme, et surtout remplir de jouets la chambre de ses trésors, les deux amours de sa vie, ses deux adorables bambins. Ils étaient son jardin secret, il évitait d'en parler, il se préservait ce coin de bonheur. Au point où il en était, autant avouer qu'il s'était marié, ce qui provoquait des crises d'hilarité chez ses potes. Marié et deux enfants, leur blague habituelle était de prédire que ses enfants seraient flics. N'exagérons rien tout de même, l'intégration a ses limites. Il se battait juste pour que ses enfants puissent échapper à l'avenir qui leur était destiné, pour ne pas assister à leur chute dans le gouffre sournois, sordide et licencieux de la délinquance de cité.

Il était quotidiennement surpris du nombre de personnes à la recherche d'un petit joint pour s'évader après une journée de boulot. De la technicienne de surface en blouse au chef de chantier en cravate, chacune de ses relations professionnelles s'avérait être un client potentiel. Il aurait du se méfier devant autant de facilité, mais il n'avait pas établi de business illégal stable et durable, il parlait poliment à tout le monde, il respectait la loi, il ne vivait pas en marge, il rendait service tout en arrondissant ses fins de mois. C'était une évolution sociale inespérée au regard du milieu dont il était issu. Cinq semaines payées pour quatre travaillées, cela agrémentait le quotidien. Comment expliquer cela à un juge qui s'endort la tête sur son code en guise d'oreiller. Tout ce que le juge avait retenu de la vie de Nacer était que ses dépannages duraient depuis plusieurs années, par conséquent il les considérait comme un trafic habituel. Pour lui, Nacer était un dealer, point final, il faisait fi de son travail, de sa vie rangée, de son domicile fixe avec femme et enfants, des levers matinaux quotidiens pour se rendre au travail, aller chez les clients, installer des climatiseurs, en dépanner d'autres, établir des devis, et même remplir sa déclaration d'impôts une fois l'an.

Deux ans ferme. Sans tenir compte de ses efforts d'intégration, de sa famille, de sa stabilité. Il avait le faciès, l'adresse, le délit, le dossier était complet. Retour de Nacer sur son autoroute prédestinée. Le fils de juge détenait le droit de s'envoyer un peu de coke dans les sinus le samedi soir, mais le fils de la cité n'était pas autorisé à la lui vendre. Hypocrisie de la politique de l'autruche ! Qui consommait la coke à près de 150 euros le gramme ? Le gamin de cité qui ne mangeait pas à sa faim ? Et le voilà à contempler sa vie de derrière les barreaux.

Nacer avait soudainement honte de s'être épanché comme ça sans réserve. Il tourna la tête et s'éloigna de quelques pas. Jacques le rassura.

Vive la Récidive !

- Il n'y a pas de mal à avoir besoin de parler, et puis de toute façon, on n'a rien de mieux à faire ici.

- Ouais, mais ça ne résout pas le problème.

- Non, mais ça peut soulager.

- Ça se passe comment ici ? Je n'y suis jamais venu, avoua Nacer. Il posa la question plus pour tester Jacques et le faire parler que pour réellement obtenir des renseignements, car même s'il n'était jamais venu, dans la cité où habitaient encore la plupart des jeunes avec qui il avait grandi, la maison d'arrêt était la résidence secondaire, le camp de vacances.

- Allez, je fais chauffer l'eau pour le café, et tu te détends, lui dit Jacques pour le mettre à l'aise, joignant l'acte à la parole.

Nacer semblait quelque peu confus, il ne s'attendait pas à un tel accueil. Il examinait Jacques avec circonspection, et marchait de long en large, à pas incertains.

En détention, tout vient à point à qui sait attendre. Le nom de Jacques se retrouva sur la liste pour les cours. Il avait fait sa demande pour tromper l'ennui, et par curiosité de voir à quoi pouvaient ressembler une école en prison. Il était un détenu comme n'importe quel autre, et à ce titre n'était pas autorisé à mettre en pratique ses compétences d'enseignant en mathématiques. Il demanda donc, comme tout détenu, à assister à un cours. Il n'avait pas trop le choix, le cours de mathématique ne lui apporterait rien, pas plus que le cours d'alphabétisation ou le cours d'apprentissage du français, il choisit donc l'espagnol, une langue dont il avait baragouiné quelques bribes lors de séjours touristiques en pays hispanophone. Dès le premier cours auquel il assista, il comprit qu'il n'apprendrait pas grand chose de cet enseignement ou d'un autre en prison. Une prison restait un lieu à part.

Plus qu'une prof, l'enseignante incarna à ses yeux une déesse, capable de réduire au silence et à l'obéissance ces garnements cycloniques. Cette naïade le sortit des eaux de l'enfer, il voyait en elle son étoile protectrice, son alcyon. Elle portait une ample robe de laquelle émergeaient ses épaules et son cou blanc, surmontés d'une petite tête effrontée à la chevelure noire. Elle était expansive et jolie, sans la moindre afféterie. L'absence de maquillage faisait agréablement valoir ses yeux pleins de franchise. Son comportement doux et apaisant comme une vague légère, semblant bercer un nouveau-né, dissimulait un caractère incandescent, révolté voire révolutionnaire. Femme battante sensible et dévouée, elle menait de front plusieurs batailles. L'éducation de ses enfants, sa carrière d'enseignante, une activité d'enseignement deux après-midi par semaine dans une prison, et, surtout, la défense et la propagation de ses idées dites féministes, qu'elle disait concerner les droits les plus élémentaires de la femme, soit une moitié de l'humanité. Sa carrière d'enseignante ne semblait pas très palpitante. Elle ne s'était jamais emportée, arraché les cheveux ou pleuré. L'éducation de ses enfants brillait encore plus par sa monotonie. Cela s'apparentait plus à un rituel bien organisé et bien accompli qu'à une aventure, à croire qu'elle avait suivi une pulsion dont elle avait presque eu honte ensuite. Comment concilier l'amour porté à ses enfants et le plaisir éprouvé à s'en occuper avec le refus de l'image de la femme machine à produire et élever des enfants ? Elle n'osait s'avouer cette lutte interne.

Chaque lieu où elle se trouvait amenait une façon particulière de poser son sac. Chez elle, elle le posait en douceur comme un aéroglisseur sur son coussin d'air. A l'école un atterrissage presque aussi méticuleux, mais un peu au hasard, rarement deux fois de suite à la même place. A la prison son comportement commençait à devenir violent. Un mouvement négligé, un lancer plus qu'un posé, avec désinvolture. Lors des réunions avec ses collègues féministes, son sac voltigeait avec une intention de destruction.

Comment une femme aussi douce pouvait-elle se transformer en bélier pour la défense de quelques idées ? Cela intrigua beaucoup Jacques. Au travers des nombreuses discussions qu'elle tentait d'écourter, Jacques glana des éléments d'informations afin d'obtenir une piste. Dans l'esprit des hommes sentencieux et narquois, le féminisme évoquait une mode féminine qui s'écroulerait, à ranger aux côtés du tricot et du bavardage. Pendant que les femmes candides et légères étaient persuadées d'avoir un rôle à jouer et de pionnières idées dogmatiques à défendre, elles n'importunaient pas, à condition biens sûr de ne pas trop se prendre au sérieux. Comme la petite fille jouant à la dînette qui, pendant ce temps-là, ne dérange pas son papa. Certains mâles condescendants avaient payé cher leur soupir de commisération à l'égard de ses motivations et de sa lutte. Ce petit bout de femme au demeurant très polie n'hésitait pas à copieusement injurier de virils machos. Jacques fut surpris de découvrir qu'elle connaissait autant de noms d'oiseaux lorsque des détenus inconscients l'entrainèrent sur le chemin du féminisme. Toujours entourée de personnes au langage distingué, il ne comprenait pas où elle avait pu les apprendre jusqu'à ce qu'il se rappelle qu'en prison, disposer d'un vocabulaire grossier passait pour une qualité. La raison de ses emportements était que son féminisme ne se limitait pas à un loisir de salon de thé, entre la cuillère et le petit gâteau. Les plus anciennes traces connues d'une lutte féministe, clamait-elle, remontaient à Olympe de Gouges qui, en 1792, avait osé crier haut et fort "tout le droit pour toutes les femmes". En guise de muselière, on la guillotina. Il fallait bien la faire taire !

De là une différence de terrain de bataille qui générait des combats sans fin puisque pour les hommes le féminisme représentait un nouveau point de tricot, tandis que pour les femmes il symbolisait une question de survie.

Pourtant la décapitation d'une personne ne soulevait pas une affaire d'État en 1792 puisqu'à cette époque, la guillotine était seulement un phénomène de mode, remplacée ultérieurement par les pinn's et aujourd'hui par le smartphone. Certes, mais la clitoridectomie et l'infibulation, sans anesthésie, afin de racheter plus sûrement le péché originel, dépassaient le stade politiquement correct des discussions de salon de thé et incommodaient ses interlocuteurs masculins. Le genre de malaise ressenti en 1946 par les civils allemands innocents lorsqu'il leur avait été demandé pourquoi ils n'avaient pas ne serait-ce que dénoncé Auschwitz. La surdité et la mal-voyance se révèlent parfois bénéfiques à l'autruche lorsqu'ils servent ses desseins. Heureusement ces faits appartiennent au passé. Au 21ème siècle l'humanité était devenue civilisée ! Que signifiait civilisé ? D'après le dictionnaire, "civilisé" signifie "doté d'une civilisation avancée". Voilà une réponse clairvoyante : un peuple est dit civilisé lorsque sa situation n'a pas évoluée mais qu'une oligarchie lui dicte ce qu'il voit, entend et comprend. Qu'avait obtenu les femmes....... et l'autre moitié de l'humanité ? La loi Neuwirth sur la contraception en 1967, la loi Weil sur l'IVG votée en 1975, déclarée année de la femme par l'ONU, etc etc. Mais pour la majorité des femmes, rien n'avait évolué. Peu de pays avaient connu une avancée, et comme l'esclave à vie qui se voit un beau jour retirer ses chaînes et ne sait pas comment utiliser sa liberté, les femmes s'étaient jetées à corps perdu (sans double sens !) dans une liberté qu'elles n'avaient pas pris le temps de définir. Le refus de la cellule familiale, oui, le refus d'être cantonnée au rôle de mère, oui, mais pour les remplacer par quoi ? Le plaisir de singer les hommes et devenir une chef d'entreprise ou une politicienne arriviste, sans scrupule, sans émotion, calculatrice, intéressée, narcissique ?

Sa vie ne se résumait pas à son combat féministe. Ce fut son désir d'indépendance et de curiosité digne des conquérants, associé à son besoin altruiste (maternel, oserait-on dire sans paraître sexiste ?) de venir en aide à son prochain qui la conduisirent à enseigner deux après-midi par semaine en prison. Enseigner en prison se révélait une expérience enrichissante. L'enseignant(e) apportait de l'optimisme à des êtres humains en détresse, découvrait des destins brisés et un public à priori réfractaire à toute éducation, affrontait un nouveau challenge.

A présent, elle enseignait l'espagnol, mais à ses débuts, elle avait été chargée des cours de français pour les étrangers. Des adultes en difficulté d'intégration, cela jetait un contraste avec de jeunes enfants turbulents. Elle n'était pas dénuée d'expérience, étant déjà intervenue pendant deux années, le mercredi après-midi et le samedi après-midi, à la Chambre de Commerce auprès d'adultes ne maîtrisant pas correctement le français. Les enfants sont passionnants, ils représentent l'avenir, la vie, mais il était plus gratifiant d'enseigner à des adultes appréciant les efforts que vous fournissiez pour eux, s'impliquant davantage.

Ah ! Naïf être plein de bonne volonté s'imaginant enseigner en prison à des adultes. Illusions déçues par un auditoire encore moins attentif, encore plus dispersé qu'un public d'enfants. La moyenne d'âge en maison d'arrêt ne dépasse pas 20 ans. A peine sortis de l'enfance, mais dans la rue depuis toujours. Pourquoi commenceraient-ils à devenir attentif à un enseignement alors qu'ils étaient déjà plongés, profondément, dans la vie. Dans l'absolu de ses idées de jeune fille de bonne famille, il était évident qu'étudier plutôt que de perdre son temps dans une cellule était une chance inestimable. Mais l'étude siégeait si loin de leur monde et leur état psychologique était si peu réceptif que la froide logique ne pouvait lutter face à l'embrasement d'une armée d'émotions belliqueuses. Ses premiers échecs l'avaient poussée à claquer la porte en pleurant. Ces imbéciles ne voulaient rien apprendre. Elle revint aussi vite qu'elle était partie. Baisser les bras ne correspondait pas à sa nature volcanique et engagée. Elle les aiderait, malgré eux si nécessaire, ces chrysalides trop précocement sorties de leurs chenilles, et pas encore transformés en papillons, entre deux états, sans existence bien définie.

Majid revint de promenade. Il ne voulait pas intimider Nacer, en le pressant de questions, et puis il voulait également garder une certaine inaccessibilité, lui le braqueur multirécidiviste. Il avait un statut à honorer, il ne se liait pas d'amitié avec le premier venu sans s'être enquis de son CV. Les torchons et les serviettes ne se mêlent pas facilement.

Chapitre X

Majid reprit le fil de sa discussion avec Jacques sans porter attention au nouveau venu.

- Il faut quand même que je te parle de ce client-là, après la militaire qui s'est pratiquement pissée dessus. Là j'ai tiré le gros lot, et lui aussi. Tu ne vas pas me croire, et pourtant tu sais que si je parle, c'est du vrai, je ne raconte pas de salades moi. Le couillon qui est entré dans la banque, je te le donne en mille, c'était un juge. T'imagines ? Un juge ! Il s'est mis à chialer ce con et m'a déballé toute sa vie. Pour un peu je lui aurai passé un kleenex.

Vive la Récidive !

Etrange destin, ironie du sort, Edouard était jeune, débordant de certitudes, un éphèbe auguste dont la stature altière exprimait la puissance au faîte de son potentiel. Il avait lu Voltaire, il avait lu Rousseau, il n'avait pas compris Montesquieu, il aspirait à une société parfaite, pour l'amour de chacun, et le bien de tous. Rousseau avait dit que l'homme est naturellement mauvais, Voltaire que tout va pour le mieux dans le meilleur des mondes, pour s'élever de Rousseau à Voltaire et créer un monde parfait, des lois à respecter s'imposaient. Il étudia le Droit, et du droit, et encore du droit. Il disséqua des phrases, des articles, des décrets, pour savoir comment les interpréter, les appliquer. Il en rêvait la nuit, il vivait pour elles le jour, et tout naturellement ses pas l'avaient conduit à l'école de la magistrature.

Il ne manifestait pas de capacités remarquables, mais ne faisait pas montre non plus d'incapacité notoire, alors à force d'acharnement, de nuits d'études, dopé aux amphétamines, comme un cycliste il pédala en danseuse, en remuant les hanches, et surmonta la difficulté du concours d'accès qui lui permit de devenir un fonctionnaire zélé. La sélection impitoyable lui avait prouvé, s'il en était besoin, qu'il avait choisi la voie royale, celle conduisant au bien manichéen. Il nageait dans son élément. Des articles, des lois, des interdictions, des obligations, des sanctions, tant et si bien qu'il n'avait aucun souvenir de Bordeaux, " La Belle Endormie ", surnommée ainsi en souvenir de sa grande quiétude passée. Cette grande sérénité restait magnifiée par la présence des divers monuments historiques qui ornaient et décoraient la ville d'un esprit authentique et original. Ni le patrimoine architectural et culturel unique, ni la gastronomie et les vignobles réputés dans le monde entier, ni le port de Bordeaux classé au patrimoine mondial de l'UNESCO, appelé le Port de la Lune du fait d'un large méandre en forme de croissant que décrit la Garonne lorsqu'elle passe dans la ville, n'avait pu le détourner de sa vocation.

Ses premiers pas dans le métier se révélèrent faciles. Il voyait défiler devant lui des individus sans scrupules qui avaient outrageusement bafoué les lois. Pour chacun de leur délit, pour chacun de leur crime, il trouvait toujours dans son Code l'article adéquat. La preuve que tout allait pour le mieux dans le meilleur des mondes. Il déclamait majestueusement la sentence, d'une voix nasale et cassante. Chaque dossier avait apporté son lot de convictions, de certitudes. Il avait annoté chacun d'entre eux, transmis son opinion aux collègues qui traitaient la suite. Son travail était devenu le lit d'une rivière s'écoulant paisiblement, que rien ne perturbait ni ne déviait de son lit. Il éprouvait autant d'émotivité et d'empathie à son travail qu'une locomotive pilotée avec la rigueur d'un ordinateur.

Il épousa une femme belle et brillante. Plus brillante que belle, il est vrai, mais la beauté de l'âme efface les imperfections physiques. Elle aurait pu être une bimbo blonde et pulpeuse, mais elle était brune et plate. Son nez busqué, imitant une mire au milieu de deux yeux globuleux, découvrait largement sa lèvre supérieure affaissée. Suite à une mauvaise fracture dans sa jeunesse, elle avait gardé une hanche coulée qui devenait de plus en plus douloureuse au fil des années et déformait sa silhouette. Son médecin lui prescrivait des traitements pour l'arthrose auxquels elle s'accoutumait. Elle en avait parlé à son vétérinaire car Goldy, son vieux labrador, rencontrait également de sérieux problèmes d'arthrose. Le véto ne pouvait se prononcer pour l'espèce humaine, mais pour l'espèce animale, il était formel : une jument avec une hanche coulée ne pouvait plus être montée et son problème de hanche s'amplifierait jusqu'au jour où elle se coucherait sur le côté et ne pourrait plus se relever, ce serait alors la fin. Faisant fi de ces détails, un enfant couronna leur union, une adorable frimousse dodue, moulée à la perfection et parachevant leurs désirs utopiques.

Bien que sa femme et lui-même élevaient leur rejeton dans toutes les règles de l'art, dans le respect de toues les procédures, son attitude agitée et désordonnée jeta le trouble dans l'esprit de son père. Intrigué, il questionna son collègue des affaires familiales, sans lui en donner la raison ni se l'avouer à lui-même. Avec le recul, il se disait qu'il avait recherché la confirmation auprès de professionnels que son bambin perturbateur, colérique et indiscipliné se comportait normalement, ou plus exactement, que le père qu'il était ne commettait aucune erreur dans son éducation. Car en dépit de tous les règlements et du savoir-vivre le plus élémentaire, ce petit être maléfique agissait exclusivement selon son bon vouloir. Il refusait de marcher autrement qu'à quatre pattes, leur faisait don de ses excréments à son gré, touchait et cassait systématiquement ses jouets. Pour le protéger d'un accident domestique, et se sauvegarder, ainsi que sa femme, des débordements dantesques de ce mini-monstre dévastateur, Edouard avait équipé son lit de barres de protection dont l'ornement lui donnait plus l'apparence d'une cage que du berceau d'un poupon.

Pourquoi ce diablotin montrait-il un tel entêtement, pourquoi ne respectait-il aucune règle ? Un doute s'immisça dans son esprit respectueux, organisé, édroit, à mi-chemin entre la droiture et l'étroitesse, discipliné. Il chercha à comprendre les causes des comportements déviants. Sa compétence professionnelle en avait souffert. Au lieu d'étudier les faits du délit pour établir le fond de l'affaire, il se pencha sur les vies des délinquants récidivistes (pléonasme !), individus irrespectueux, turbulents, indisciplinés, désobéissants....... comme son rejeton. Pourquoi un individu qui avait déjà séjourné dix fois en prison continuait-il de commettre des méfaits ? N'est-ce pas la preuve du mal qui l'habitait ? Il avait découvert des points communs dans leurs vies. Ils étaient issus de milieux sociaux défavorisés. Pour dire les choses simplement, c'étaient des pauvres. Encore une preuve qu'ils étaient bons à rien. Une majorité importante était incapable de s'exprimer dans un français correct. Un argument supplémentaire qui démontrait que le Malin exerçait sur eux son influence. Ils n'avaient pas même fourni l'effort d'apprendre correctement le français. Comment avaient-ils occupé leurs journées d'école ? Sûrement déjà à chaparder.

Les mois, les années avaient passé. Un jour, sans s'annoncer, une question s'imposa à lui. Et s'ils n'incarnaient pas le mal ? S'ils étaient seulement nés avec des conditions moins favorables ? Devait-on blâmer un enfant thaïlandais parce-qu'il mourrait de faim ? Devait-on le punir parce-qu'il ne mangeait pas tandis que l'enfant occidental, docilement, mangeait ses pots pour bébé ? Peut-être que l'enfant thaïlandais ne mangeait pas car il n'avait rien à manger, et non par désobéissance. S'il disposait de pots, ne les mangerait-il pas ? Peut-être que le jeune des cités (représentant la majorité de la clientèle des juges), s'il grandissait dans un environnement où le français se parlait couramment, il apprendrait, lui aussi, le français. Et s'il avait parlé correctement le français, il aurait obtenu de bons résultats à l'école, puis un diplôme, puis un travail. Peut-être accepterait-il un travail, si on lui en proposait un ? Peut-être que tel autre criminel endurci ne serait pas aujourd'hui si violent et dénué de pitié s'il avait connu son père et si ses beaux-pères successifs ne l'avaient pas considéré comme leur punching-ball.

Autant de questions, autant de rayures sur le disque vinyl de son code de conduite rigide et rassurant. Si la faute ne leur incombait pas, ils n'étaient pas coupables, comment pouvait-il les condamner ? Un sillon ne passait pas.

Son cerveau implosait. Il n'osait révéler les palliatifs auxquels il avait du demander assistance pour continuer à exister. De toute façon, tous les excès lui étaient autorisés : il était la LOI. Ses jugements n'étaient pas devenus plus cléments, bien au contraire. Une clémence soudaine aurait été un aveu de faiblesse, de défaillance dans la mécanique parfaitement huilée. Qui plus est, il méprisait ces voyous qui refusaient de le respecter, qu'il envoyait en prison, qui recommençaient en sortant, qu'il renvoyait en prison, qui recommençaient .... Comment ? Ils ne s'échappaient pas du cercle vicieux de la délinquance car s'ils n'avaient pas réussi à obtenir un emploi avant leur incarcération, ils disposaient d'encore moins de chance d'en décrocher un à leur sortie ? Ce n'était pas son problème. Il était juge, il appliquait la LOI, il ne légiférait pas. La faute leur revenait, s'ils avaient travaillé à l'école, ils s'épanouiraient aujourd'hui dans une activité sociale, légale et rémunérée. Pour commencer, à eux de fournir l'effort de parler correctement le français.

Un souci plus grave l'accaparait à présent. Depuis qu'il avait franchi le seuil de cette banque, il se demandait si son cerveau lui jouait à nouveau un mauvais tour, ce qui l'aurait surpris, n'ayant ni absorbé, ni injecté aucune substance. Debout face au mur les mains sur la tête, il n'osait révéler sa profession. Crainte infondée puisque personne ne le lui demandait. Cette situation sortait de l'ordinaire, c'était la première fois qu'il se retrouvait dans le bureau du délinquant !

Il s'était effondré en larmes, il avait fondu comme un pot de rillettes sur un radiateur, il avait perdu toute prestance et succombait à une crise convulsive.
Majid contemplait cet affligeant spectacle de la proie condamnée qui tente un dernier soubresaut d'orgueil. Il éprouvait une furieuse envie d'équarrir, de laminer cet arrogant prétentieux dont les cheveux ramenés en bouclettes sur les tempes lui donnaient l'ingénuité d'un

page, mais dont la couleur gris jaunissant ne parvenait à effacer son air de géronte faquin.

Le soleil se coucha très rapidement, emportant avec lui sa lumière et sa chaleur. Jacques allongea la couverture suspendue aux barreaux, utilisée en guise de fenêtre. La cellule comptait deux ouvertures dans le mur par lesquelles la lumière du jour pénétrait. De robustes barreaux mettaient un terme à toute velléité d'évasion par cette ouverture. Une fenêtre permettait de se protéger du froid en hiver, et de propager un courant d'air en été. L'une des deux fenêtres manquait. Jacques était épaté par l'absence de cette fenêtre. Casser le carreau plastifié et renforcé paraissait réalisable avec de la bonne volonté, mais briser le montant en fer de la fenêtre, sachant que l'outil le plus rigide à la disposition du prisonnier était une fourchette amincie maigrichonne, le laissait pantois. Il contemplait ce trou béant sans fenêtre, avec seulement des barreaux pour lui rappeler sa condition, et il ne pouvait expliquer comment un autre détenu, par le passé, était parvenu à arracher le vantail de la fenêtre dans des locaux prévus pour résister à la charge d'un troupeau d'éléphants. Il ne possédait pas la solution mais réalisait que les histoires de détenus s'échappant de prison en creusant un tunnel à l'aide d'une petite cuillère ne sortaient pas obligatoirement de l'imaginaire d'esprits créatifs.

Il alluma la lumière, remonta la fermeture-éclair de son survêtement. Il entendit, dans le couloir, le chariot de la gamelle se préparant pour la distribution. Le soleil était ponctuel, il semblait lui aussi suivre les procédures administratives. Fin de son évasion par la lecture, l'écriture, la télé, la musique, retour en milieu carcéral. Jacques stoppa son activité, prépara ses saladiers à donner à l'auxi. Plus il serait rapide à lui tendre son saladier, moins l'auxi perdrait de temps à le servir, plus tôt il aurait fini son travail, plus il serait satisfait de cette rapidité, et mieux il le servirait. Le repas était vite avalé, la vaisselle, le rangement rapidement exécutés, il pouvait retourner à ses réflexions.

La soirée s'annonçait longue. Ne pas y penser. Plus il y pensait et plus elle s'allongeait.
- Il est vital de se trouver une occupation, dit Jacques à l'attention de Nacer. Je suis chanceux car j'adore lire. En arrivant en détention, mon principal souci fut de savoir combien de temps allait m'être nécessaire pour obtenir de la lecture. Ma famille m'a apporté des livres à chaque visite, ma femme également.

Passée la frayeur des premières semaine à l'idée de rester inoccupé, sans activité, Jacques s'était rapidement détendu. En plus des livres apportés au parloir, il s'était inscrit à la bibliothèque du bâtiment, et d'autres détenus lui avaient prêté leurs ouvrages. En somme, il avait exploité toutes les filières qui lui étaient venues à l'esprit, et toutes s'étaient révélées fructueuses. Un début de bon augure.

L'étape suivante avait été de singer les écureuils avec leurs noisettes : stocker. On connaissait la pitance du jour, on ignorait ce dont on disposerait le lendemain. Aujourd'hui l'électricité et l'eau fonctionnaient, le lendemain une coupure les rationnait. Ils n'y pouvaient rien changer, ne pouvaient obtenir aucun renseignement à l'avance, hormis les réponses farfelues pour se débarrasser de leurs questions insistantes. La sagesse conseillait de boire de l'eau et profiter de la télé ce jour. Il éteindrait la télé le lendemain s'il l'avait trop regardée, et il couperait le robinet s'il avait trop bu, mais il ne pourrait pas allumer l'un et ouvrir l'autre si une coupure s'opposait à sa volonté.

Voilà comment une cellule se remplit de livres, un trésor inaccessible pour un arrivant, d'aucune valeur marchande car une feuille de livre vaut moins qu'une feuille de papier à cigarette, quel qu'en soit l'auteur, Victor Hugo, Rainer Maria Rilke, Hermann Hesse, Fernando Pessoa ou autre.

Après l'auge de 18 heures, le fonctionnaire porte-clés, parfois surveillant, parfois maton, parfois perdu, rentrait chez lui. En partant, il collait sa prunelle à l'œilleton pour confirmer la présence du nombre prévu de détenus, pas moins, pas plus, et aucun suicide. Moins de détenus que prévu, on comprend aisément pourquoi il s'en inquiéterait, plus de détenus que prévu, c'est plus difficile à comprendre, mais ainsi était le règlement, édicté pour être suivi, non discuté. Puis il vérifiait le bon verrouillage de la porte. Oh grave négligence si la porte n'était pas correctement fermée, le détenu s'évaderait de cinquante mètres dans le couloir jusqu'à la grille, l'une des innombrables grilles à franchir avant de sortir du bâtiment situé à l'intérieur de l'enceinte de la prison. Une demi-heure après, un nouveau porte-clés prenait son service. Même protocole, vérification du contenu de la cage, secouage de la porte pour vérifier la bonne fermeture, satisfaction du travail bien fait.

Ensuite, le black-out s'abattait sur les murs sinistres et lugubres du centre de pénitence. Les détenus s'attendaient presque à entendre le bruit des chauve-souris prenant possession des lieux, observer des araignées tisser des toiles gigantesques, et surprendre un rat se faufilant entre leurs pieds. Le temps était suspendu jusqu'à l'entrée en scène du prochain porte-clés le lendemain matin.

La porte de la cellule ne s'ouvrirait plus. Ni livraison de cantine, ni école, sport, parloir, douche, promenade, courrier. Ces interruptions meublaient une journée et dévoraient le temps au lieu de le contempler ennuyeusement. L'arrivée du nouveau porte-clés du soir signifiait se retrouver face à sa solitude, affronter le mur uni et les barreaux. Tant d'heures se déroulaient en compagnie du codétenu que tous les sujets de discussion étaient épuisés, il se dressait presque comme un cinquième mur. Seule la télé brisait la monotonie et rythmait le néant.

Nacer s'était assoupi. Le stress des événements subis, l'angoisse de l'avenir, la relative accalmie du présent, lui avaient ôté ses forces. Jacques sursauta d'indignation, offensé, lorsqu'il s'en aperçut, puis il eut un sourire bienveillant en se remémorant sa propre arrivée. La tension accumulée s'évacuait au premier répit accordé, un sommeil réparateur affrontait la fatigue. Jacques saisit le programme télé, le feuilleta, alluma la télé et sélectionna la chaîne la moins ennuyeuse, puis il s'allongea à son tour dans son lit, goûtant la quiétude de cette cellule atemporelle.

Majid se leva de son lit, et alla se préparer un café-prison, alias Ricoré, le seul excitant autorisé en ces lieux. Il en proposa à Jacques, l'eau était chaude, c'était le moment d'en profiter.

- Je te sers, profites-en, c'est pas tous les jours que je vais te servir, plaisanta-t-il.

- Demandé comme ça, je ne peux pas refuser. Et ton braquo, t'en étais où, tu crois qu'on va finir par la terminer ton histoire, ironisa Jacques.

Majid porta à ses lèvres une gorgée de son ersatz de café brûlant, et prit une forte inspiration. Il se souvenait.

Chapitre XI

Les rais de soleil se trouvaient à ce moment très bas sur le mur et, dans l'agence, la lumière s'harmonisait. Il s'était dit pour lui-même, avec ironie, que cette information était à retcnir : choisir une banque plus modeste la prochaine fois, de façon à ce que moins de clients ne viennent perturber le cours de son travail.

Elodie pénétra dans l'agence d'un pas léger et insouciant, fendant l'air comme elle fendait la vie, au-dessus des contingences du quotidien, dévorant passionnément chaque souffle de vie dont elle pouvait s'abreuver. Elle glissait sur le sol dans des chaussons de fée et avait revêtu un pantalon de tissu léger, flottant, évoquant une sirène ondulante, et un corsage taillé pour mettre en évidence des formes généreuses. Un tignasse rebelle de cheveux entremêlés mi-longs, châtains et reflétant des éclairs blonds lorsque les rayons du soleil s'y réfléchissaient selon un certain angle, ajoutait une pointe d'exotisme et pimentait la douceur et la tendresse d'un visage angélique dont le seul maquillage consistait en un fin trait de crayon noir soulignant le contour des yeux et mettant en relief un regard franc, malicieux, sincère, profond et envoûtant.

A sa suite flânant, Laurent, un jeune home aux contrastes frappants. Une expression taciturne se dégageait de son regard introverti et ses sourcils froncés, enjouée par un sourire jovial et l'air rêveur du poète égaré dans un monde auquel il n'appartient pas. Il arborait une coupe de cheveux puritaine où quelques mèches se hérissaient en signe d'insoumission, et portait une chemise sophistiquée qui détonnait avec le pantalon en jean classique, délavé, exhibant avec arrogance des accrocs volontaires. Il se situait au confluent de deux tendances. Son personnage errait à mi-chemin entre la recherche de distinction et le refus de respect des conventions.

Ni l'un ni l'autre ne paniquèrent lorsque le bandit surgit tel un spectre malfaisant. Ils rejoignirent le groupe sans montrer d'opposition.

Vive la Récidive !

- Si seulement les gens étaient tous aussi dociles et compréhensifs que vous, mon travail en serait facilité, lança Majid pour amorcer le dialogue.

Conserver un dialogue avec les protagonistes était indispensable, pour prévenir un acte injustifié de bravoure, ou anticiper une panique.

Elodie se tourna vers lui, méprisante :

- Vous êtes aigri, c'est pour ça que vous éprouvez du plaisir à torturer, mais nous ne sommes pas responsables de vos échecs.

Un silence embarrassé suivit. Laurent, son compagnon coula un regard suppliant vers Majid, puis il toussa. Devenu aujourd'hui plus circonspect que par le passé, il se doutait que ce genre de discours préludait à une série d'embêtements majeurs. Le pillard était tacitement d'accord avec lui, l'œil torve de la demoiselle présageait une complication. Son ami sentit un frisson courir le long de son échine. D'une voix quelque peu fêlée, Majid lui assura :

- Je n'ai rien contre vous, je ne suis là que pour l'argent.

Ces paroles n'apaisèrent pas Laurent dont le visage se contracta sous l'appréhension. Elodie toisa Majhid et s'emporta :

- Vous ne m'impressionnez pas et je ne compte pas rester ici à vous obéir.

Son compagnon lui coupa brutalement la parole, son agitation était à son comble, il se martelait le genou avec sa main, les nerfs crispés. Elle aurait flanqué un grand coup de maillet sur le crane du malfaiteur que celui-ci n'eût pas pris l'air plus abasourdi. Le braqueur s'élança pour la gifler, en émettant de puissants sons incompréhensibles de sa voix tonitruante qui claironna comme une corne de brume. Atterré, les yeux de Laurent le fixèrent avec une expression d'effroi :

- Je vous en prie, elle va se calmer, ne nous faites pas de mal.

Le brigand marqua une halte malgré une rage froide prête à exploser. Sa figure se rembrunit, ses yeux se posèrent à nouveau sur l'intrépide. Elle irradiait du plus ensorcelant, du plus désarmant des sourires et des larmes humectaient ses paupières. Il pointa le mur du doigt, en continuant à la fixer d'un regard intransigeant. Elle se tapit contre le mur comme une gamine espiègle cherchant à se faire pardonner ses turpitudes. Il s'imposa un effort violent pour tenter de retrouver une voix naturelle :

- Tu en as largement assez fait pour aujourd'hui. Maintenant tu vas faire comme tout le monde si tu ne veux pas que je voie rouge, et tu vas gentiment nous raconter ce qui te fait avancer dans la vie.

Elle s'agenouilla, et son visage perdant son expression aguicheuse, manifesta de l'intérêt, mais elle se confina dans un mutisme soucieux, interrogateur. Il l'encouragea :

- C'est le moment de nous faire profiter de ton énergie débordante pour passer le temps au lieu de stresser tout le monde.

Elle commença timidement puis, devant son approbation silencieuse, ses mots se précipitèrent dans un désir passionné d'épanchement, comme si elle eût craint qu'on lui enlevât son auditoire.

Vive la Récidive !

- Partir à tout prix. Ne me demandez pas pourquoi, c'est viscéral. Se pose-t-on la question de savoir pourquoi on est amoureux ? Je suis habitée des mêmes émotions pour les voyages. Mon plus grand malheur est d'avoir conscience qu'il me sera impossible de visiter tous les pays, les différentes civilisations. Ils sont trop nombreux pour que ma courte vie suffise à tous les explorer. Je ne supporte pas la vie médiocre à laquelle j'étais prédestinée dans ma petite ville de province française. Un besoin compulsif me pousse à partir. A vrai dire, je ne suis épanouie qu'en déplacement. Un sentiment d'oppression m'envahit dès que je me pose. La coutume voudrait que je me stabilise dans une modeste existence sans saveur quand tant de cultures différentes restent à découvrir, tant d'émotions demandant à être partagées. Malgré cela, mon premier départ fut tardif, il se heurta à des imprévus. A quinze ans, j'avais un petit ami dont une tante vivait en Nouvelle-Calédonie. Pas à Nouméa, mais dans une tribu au fin fond de nulle part, à Ouvéa, la plus petite et la moins peuplée des Îles Loyauté, mais également la plus authentique, où les Mélanésiens, refoulés par les colons dans des « réserves », cultivaient les tubercules traditionnels (taro, igname) et ont développé de petites plantations de caféiers et des cocoteraies, où l'élevage était médiocre, la pêche insuffisante, le tourisme rare. Les tribus vivaient essentiellement de l'argent rapporté par ceux travaillant dans les mines ou qui s'étaient installés à Nouméa.

J'ai immédiatement décidé de notre avenir pour nous deux, il aurait du y réfléchir par deux fois avant de me révéler l'existence de sa tante : nous allions dès que possible rendre visite à la tatie. Dès que possible signifiait le jour de mes 18 ans. Quinze ans à dix-huit ans, trois années pour comprendre que l'homme avec lequel on partage tous ses loisirs n'est pas l'homme de sa vie. Partir dans une tribu isolée de la civilisation avec un homme que l'on n'aime plus annonce une catastrophe certaine. Quelques semaines après mes 18 ans, il est parti seul rejoindre sa sûrement charmante tatie. Un mauvais début. Dix-huit ans d'attente et un faux-départ.

Une alternative se présenta : une amie réunionnaise me proposa de m'accueillir à la Réunion le temps d'y trouver un logement et un travail. Je n'en attendais pas plus. Ce départ fut le bon puisque j'y suis restée les sept année qu'il m'a fallu pour me lasser de cette île colorée, visiter les îles alentour et faire quelques sauts de puce en Afrique. Sept années, pour quelqu'un qui ne rêve que de bouger, c'est une éternité, mais la Réunion recèle de tant de charmes que je n'imaginais pas parvenir à en faire le tour un jour. Comment se lasser de la vue sur les cirques lorsqu'on atteint le Piton Maïdo après avoir serpenté en voiture le long d'une route interminable ? Comment se lasser du cirque de Cilaos ? Ou du cirque de Mafate auquel on ne peut accéder qu'à pied. Et les innombrables cratères aux versants extérieurs en pente douce, aux murailles avec leurs gradins effondrés, aux fonds plus ou moins tourmentés ? Et ces dômes, collines rondes semblables à des volcans éteints ou des boucliers volcaniques, et ces fossés sinueux et ramifiés qui courent à perte de vue ? Et les séries de cascades disséminées dans l'île qui offrent un paradis perdu au détour de chemins improvisés. Atteindre les 3070 mètres du Piton des Neiges, donné pour être le point culminant de l'Océan Indien, même si ce n'est pas totalement vrai, et bénéficier de son paysage lunaire ! Ce panorama ne se décrit pas, il se mérite et il faut absolument aller le voir pour en goûter toute la saveur. Et que dire du si célèbre Piton de la Fournaise, le volcan actif mais amical qui, lors de ses fréquentes éruptions, écoule lentement sa lave vers la côte, pour le plus grand bonheur des badauds.

Je m'apprêtais à plier mes bagages pour de nouvelles destinations lorsque mon copain, ici présent, fit-elle en souriant, a sorti de sa poche sa brosse à dents en me disant très sérieusement qu'il m'accompagnait. Un impondérable dans mes projets ne me réjouissait guère. Il a laissé glisser mes remarques, a posé un regard mi-goguenard mi-amoureux sur moi, s'est aménagé une petite place au milieu de mes bagages, discrètement, silencieusement, sûr de lui.

Il m'est impossible de compter le nombre d'avions que nous avons pris ensembles depuis ce jour. Sans compter ceux sur lesquels nous avons embarqué séparément pour rejoindre une destination identique après divers détours : une étape d'une journée en vue d'explorer la piste d'un logement, une halte d'une semaine pour tester et vérifier sa pérennité, une escale d'un week-end afin d'étudier les possibilités d'hébergement d'une amie d'une amie, etc.

Après La Réunion, nous sommes revenus en France juste le temps nécessaire pour saluer la famille et les amis. Puis un avion nous a à nouveau emportés. Nos périples se sont plus souvent traduits par des trajets entre deux villes dans des bus de nuit bondés que par des séjours en hôtel 4 étoiles. A vrai dire, dans les rares hôtels luxueux où nous avons pénétré, nous ne nous sommes jamais aventurés plus loin que le bar. Quant aux trajets en bus de nuit, non seulement ils coûtent moins cher que l'avion, mais en plus ils font économiser une nuit d'hôtel. Un pierre deux coups.

Le terme de routarde ou baroudeuse avisée dont on m'affuble parfois me dérange car il sous-entend des galères sans nom, et parfois des conditions de vie plus épiques que les lieux à visiter. Je ne l'aime pas car c'est un peu vrai, et ma vie pourrait résonner aux oreilles attentives comme un titanesque tumulte alors que je la perçois comme une symphonie mélodieuse d'émotions me submergeant au gré de destinations toujours nouvelles, d'odyssées palpitantes. Je ne me souviens pas dans quel ordre se sont succédées nos excursions, et peu m'importe. Je conserve une impression de richesse, et des flashs, tels des clips vidéos rangés au hasard dans ma tête.

Comme cette grillade de scorpion dégustée sur un marché chinois.

Ou cette fouille interminable de notre véhicule près de la frontière haïtienne, quand nous avons poussé très loin la naïveté de ne pas connaître l'existence du mot "corruption".

Cette marche pour s'approcher au plus près des chutes Victoria, donc nous sommes revenus aussi mouillés que les poissons qui ne s'y trouvent pas.

Ce paysage chaotique de moraines granitiques qui s'étendait jusqu'à une vallée gelée où se conjuguaient toutes les nuances de noirs hostiles, où un vent sans concession chassait à travers la vallée les hasardeux rayons de soleil dévalant les flancs des montagnes.

Ce trajet de cinq minutes à peine, pour se rendre de l'aéroport à l'hôtel, à trois sur une mobylette poussive, qui s'est éternisé cinquante minutes car l'aéroport étant plus loin que ce que j'avais compris.

Vive la Récidive !

Cette moto qui, après nous avoir emmenés si loin que nous étions perdus dans le paysage désertique de je ne sais plus quelle contrée, a décidé de tomber en panne.

Cette promenade en Australie où, une fois de plus, nous nous sommes égarés, le crépuscule s'avançait à grands pas et nous commençâmes à chercher un arbre où dormir pour échapper à la compagnie des crocodiles.

Cette rencontre avec des indiens du Venezuela, autochtones apparemment coupés de la civilisation mais dont nous apprîmes par la suite qu'ils côtoyaient plus de touristes occidentaux que nous.

Cette rencontre impromptue au Zimbabwe avec deux éléphants s'étant déplacés plus silencieusement que nous.

Ce voyage en bus de nuit, à trois sur une banquette de deux, le troisième étant un sud-américain à la corpulence colossale. Je n'ai pris conscience que le lendemain de son gabarit gigantesque, après avoir bien dormi, en comprenant au regard de mon copain qu'il n'avait pas fermé l'œil de la nuit. Il m'a expliqué avoir lutté toute la nuit pour ne pas céder un pouce de terrain à notre compagnon, auquel cas nous aurions fini tous les deux écrasés contre la vitre. Il s'était sacrifié et terminait sa nuit ankylosé sur une moitié du corps.

Ce séjour à Bali où, subitement, nous avons été obligé de nous réfugier dans le premier hôtel misérable rencontré, inoccupés, pendant je ne sais quelle fête religieuse durant laquelle tout déplacement public était strictement prohibé.

Cette attaque à main armée d'un bus de touristes au Guatemala (le pays sortait de la guerre civile à cette époque, il est plus calme aujourd'hui), que nous avons suivi en live dans notre taxi, vingt mètres derrière.

Et tant d'autres ; quelle que soit la longueur de fil déroulé, il reste toujours de la bobine à visionner.

Nous nous sommes envolés pour un saut de puce supplémentaire en France, comme à l'accoutumée, afin de souffler un peu et pour le traditionnel bonjour à la famille et aux amis. A présent, mon copain ne fait plus parti de mes bagages, il remplit ma vie et m'accompagne chez mes proches.

Nous avons une multitude de souvenirs en commun, d'aventures partagées, d'épreuves surmontées, nous nous comprenons d'un simple regard, un sourire, une moue anodine. Nous connaissons nos réactions réciproques, les solutions que nous apportons pour résoudre un problème, moi n'hésitant pas à solliciter la population locale, même si je ne parle pas un mot de leur langue, lui déchiffrant les notices et les guides à l'aide d'un dictionnaire, ma solution se révélant toujours plus fructueuse mais la sienne plus exacte.

Aussi, lorsqu'ils avaient, elle et son ami, pénétré dans cette banque, comprenant qu'ils mettaient les pieds sur une mine que son sourire ne suffirait pas à empêcher d'exploser, elle avait aussitôt jeté un regard affolé vers son compagnon dont les yeux avaient fait très rapidement le tour du local, s'était imprégné de l'atmosphère, avait évalué l'ampleur de la gravité de la situation, avait cherché une solution, une issue ; il avait tourné vers Majid un visage inquiet signifiant que la situation le préoccupait. Élodie avait donc, après s'être lancée dans une tentative d'intimidation pitoyablement ratée, précisait-elle malicieusement, docilement obéit à ce qui lui était ordonné.

<u>Chapitre XII</u>

Contrairement à Majid et Jacques qui semblaient s'être adaptés sans difficulté à leur vie en détention, Nacer errait souvent ailleurs, perdu dans ses rêves. On le voyait marmonner ses pensées, marchant de long en large. Difficile de concevoir la prison sans se soucier de l'affectivité. Pour Nacer, la difficulté de la prison ne résidait pas dans la privation de liberté, laquelle n'était à ses yeux qu'un concept abstrait, aux contours très vagues, non formellement définis. Les privations matérielles se surmontaient facilement. Les gourmets perdaient vite l'habitude de saliver avant le premier service, mais ils n'étaient pas seuls dans cette épreuve, ils existaient pour quelqu'un. L'humain peut vivre sans saliver, verbe qui n'a d'ailleurs pas d'équivalent dans les langues et dialectes des pays pauvres, mais il ne peut pas vivre seul. Les distractions diverses acquéraient la teinte uniforme et monotone des murs qui l'enveloppaient, mais là n'était pas l'essentiel car ce qui était retiré en matérialité était regagné en rêves. Les longues peines développaient une imagination débordante.

La véritable souffrance résidait dans la lente et inexorable perte des liens affectifs. Les interactions entretenues par l'individu avec son environnement perdaient progressivement de leur acuité. Les liens se détachaient, lentement, inévitablement. Aucun amour ne résistait à la séparation. Plus un amour était fort, intense, et plus les liens restaient soudés longtemps, plus ils refusaient de se délier, mais le temps finissait par user les passions comme le vent parvient à éroder les montagnes. Les légendes relataient de nombreux cas où l'amour avait brisé toutes les chaînes, mais ces cas relevaient plus de la névrose obsessionnelle venant combler une blessure que de la pureté d'un amour. Nous avons tous dans un coin de notre cœur Roméo et Juliette, Antoine et Cléopâtre, Paul et Virginie - ou Bonnie and Clyde dans le cas de Majid. Chacun espère un Amour utopique. Mûrir signifie perdre ses illusions, ses rêves, pour une réalité peu réjouissante dont le seul avantage est d'être palpable. Le but de l'adolescent devient la nostalgie de l'adulte.

La mise en détention opérait un changement d'environnement brutal, violent. Plus d'échanges, plus d'huile à jeter sur le feu des passions, l'intérêt déclinait, se portait ailleurs, et lorsque le détenu en prenait conscience c'est qu'il observait déjà de loin ce qui constituait sa vie, c'est qu'il était déjà trop tard. Le détenu réalisait subitement qu'il s'était éloigné, qu'il était seul, et il était pris de panique, d'angoisse, tel un nourrisson abandonné sitôt né. Alors il cherchait à s'agripper à l'objet qu'il avait déjà perdu, et il souffrait car le mur de la prison l'empêchait de courir rattraper ce qui lui échappait. Il allongeait le bras, tendait le cœur, aucune réponse ne parvenait à ses attentes. Il franchissait graduellement les étapes de la souffrance jusqu'à la résignation. Passé ce stade, il se fixait de nouveaux buts limités à l'intérieur des murs, il établissait de nouvelles interactions avec son environnement, et un nouveau chapitre de vie s'écrivait, avec des buts moins nobles, des rêves plus prosaïques, des visions moins lointaines. Les miettes du pauvre ont-elles moins de valeur humaine que le festin du riche ?

Nacer dormait d'un sommeil agité et suave, ses paupières frétillaient, sa bouche exhibait un sourire lubrique non retenu. Il lui restait encore ses rêves pour vivre des moments de bonheur partagé avec sa femme. Il savourait avec délice le souvenir de ces instants d'éternité dérobés au joug du présent, il se délectait du frisson qui le submergeait à leur évocation. Il se rappelait ce petit sourire mutin en coin qui réduisait à néant toute tentative de domination ou d'agressivité. Comment pouvait-il lutter face à l'expression de son visage enjoleur ? La fixité de ses yeux perçants le pénétraient et atteignaient son âme. Leur regard dominateur le maintenait captif. Il aurait volontiers affronté cette inquisition mais il était prisonnier, désarmé, déshabillé par cette candeur volontaire. La puissance maléfique du diable avait revêtu le corps d'un ange. Il avait tenté de résister, de se contrôler, mais comment résister au bonheur. Pourquoi son visage libérait-il en lui autant de chaleur et d'émotions ? Une alchimie liquéfiait son cœur et transformait sa femme en arme redoutable. Il se rappelait le soir où il avait décidé de boire la lie jusqu'à la dernière goutte. Il avait quitté son visage pour explorer son corps. Les cheveux de la Belle, révélateurs, reflétaient son caractère.

Vive la Récidive !

Elle ne pouvait changer son visage mais elle accordait sa coiffure à son humeur. Ses courbes enivraient Nacer. Un artiste ivre avait dessiné sa femme, et lui, âne simplet, s'étourdissait à suivre ses contours, se perdait au bas d'un creux comme aux fonds de sables mouvants. Le cheminement n'en finissait plus, à peine une courbe était-elle parcourue qu'une autre la prolongeait. Il avait mal au cœur, le mal de mer, il la regardait, elle lui souriait toujours et ses yeux lui expliquaient qu'aucune issue ne lui était permise, la mouche finirait inéluctablement liquéfiée dans le ventre de l'araignée. Ce soir-là, le soir où pour la première fois elle s'abandonna à lui, un caraco en soie qui se serait suffi à lui seul recouvrait ses épaules, associé à une jupe en mousseline dont il aimait la superposition des volants et où il se délectait à glisser furtivement ses mains. Avec une moue ingénue, elle avait tenté maladroitement de cacher les parties dénudées de son corps, dans ce qui ressemblait plus à une invitation à la découverte, à l'exploration, à la conquête qu'à un refus.

Autour d'un simili-café brûlant, mélange de chicorée et de café, Nacer se confia :

- J'ai la chance d'être marié avec une perle rare, pas une de ces filles faciles qui m'auraient abandonné au premier souci. Une fille de bonne famille avec qui je suis heureux de construire une relation stable, sérieuse et durable.

Jacques était dubitatif, Majid émit une moue de surprise.

- Elle a beaucoup pleuré, m'a demandé pourquoi j'avais commis de tels actes. Sa question me ferait sourire si la situation n'était pas aussi dramatique. Elle pense peut-être que notre salaire a pu payer les restaurants, les sorties, les fringues, le voyage pour les vacances au lieu du séjour à la cité, les nouveaux jouets tous les jours pour les enfants.

Sa femme savait être naïve à dessein. Cependant, il n'était pas en position d'émettre des reproches, alors il acquiesçait à ses paroles. Et puis elle avait raison, ils auraient pu se contenter de leurs salaires, sans extra qui les obligeaient aujourd'hui à affronter des problèmes très sérieux.

- Maintenant notre avenir repose entièrement sur ses épaules, elle travaille, s'occupe des enfants, de moi. Quel bonheur de serrer dans mes bras mes bout'chous chaque semaine au parloir. Je ne tiendrais pas sans les voir. Tout ce que j'ai construit dans ma vie est pour eux, pour le plaisir de les voir sourire et profiter d'une vie plus heureuse que la mienne. Mes espoirs, ma force de vivre, me viennent de ma famille. Ma femme, mes enfants sont ma richesse en ce monde, ma raison d'être. Sans eux ma vie se résume au néant. No future. Cette peine est longue, interminable, car ma vie se déroule sans moi de l'autre côté des barreaux, elle me tend la main mais je ne peux pas la rejoindre. Bientôt onze mois de combat et de souffrance pour toute la famille.

Ses enfants se demandaient pourquoi il ne rentrait pas à la maison, sa femme était au bout du rouleau, mais ils restaient unis dans l'épreuve. La fin approchait, une sortie conditionnelle lui serait bientôt accordé, il avait maintenu un comportement exemplaire et travaillé pendant toute la durée de sa détention, il avait un projet professionnel pour l'extérieur, son dossier était irréprochable, un refus était impensable et aurait été injustifié.

Jacques tenta désespérément de le rassurer :

- Cesse de t'angoisser inutilement. Tu constates par toi-même que la prison se vide. En onze mois, la cour s'est renouvelée, les têtes sont nouvelles, les anciens ont soit été libérés, soit été transférés.

Même si un transfert allégeait mais n'ôtait pas les chaînes, le dossier de l'individu avait connu une évolution, il n'était pas resté écrasé sous la pile.

- Est-ce que tu te rends compte ? reprit Nacer d'une voix qui ne parvenait pas à garder sa limpidité. Elle m'a fait deux parloirs fantôme !

Les terribles parloirs fantôme. Une heure d'attente, le plaisir de se diriger vers le parloir, la déception de constater qu'il est vide. Elle savait que le moral percevait une telle nouvelle comme un choc. Nacer ne la blâmait pas, elle affrontait avec toutes les ressources dont elle disposait cette situation que lui seul avait imposée. Il restait là à attendre, passif, pendant qu'elle fournissait tous les efforts.

La porte s'ouvrit sur le surveillant et l'auxi des repas. L'uniforme bleu parcourut sa liste, pas de parloir prévu pour cette cellule. L'auxi servit le repas dans les saladiers que Jacques lui tendit. La porte se referma. Le visage de Nacer se crispa, il semblait fournir un effort intellectuel intense. Son anxiété grandissait. Ce jour-là aucun parloir n'était programmé, il avait pensé que ce genre de nouvelle serait préférable à un parloir fantôme, car moins angoissant, mais mis devant le fait accompli, la situation ne soulevait pas moins de questions et de sueurs froides. Un parloir fantôme prouvait qu'elle avait eu l'intention de venir, puisqu'elle avait pris rendez-vous, mais qu'un empêchement de dernière minute l'en avait empêchée, tandis qu'aucun rendez-vous pris signifiait qu'elle n'avait pas songé à lui rendre visite. Aucun courrier n'était arrivé pour l'informer d'un éventuel souci. Il saisit son bloc-feuilles et rédigea une lettre, agité. Il désirait seulement savoir pourquoi. Quinze jours de plus sans nouvelles, les quinze jours les plus longs de sa vie, un supplice de Tantale. Quinze jours d'oppression, sans sommeil, sans presque manger.

Et puis la lettre tant attendue arriva. Sa femme lui avait enfin écrit, elle lui expliquait. Il serra très fort la lettre dans ses mains, comme un trophée. Il en pleura de joie. Il la lut. Il en pleura de souffrance. L'impossible frappait à sa porte.

- Cela ne peut pas se produire, pas ça, pas maintenant, pas à moi. Qu'est ce que c'est que cette lettre ?

Il arpentait la cellule en jetant ses phrases d'une voix haletante, les yeux hagards, les lèvres tremblantes.

- Comment ça elle ne s'en sort plus, elle a besoin de prendre du recul, ne sait plus où elle en est, n'est plus certaine de ses sentiments. Trop de soucis, trop de problèmes à affronter, le travail, les enfants, les visites au parloir, les soucis financiers, c'est trop en une fois, elle veut faire un break. Elle ne peut pas m'infliger un tel coup, dans moins d'un mois j'obtiens ma conditionnelle, elle ne va pas me faire ça maintenant alors que nous touchons au but. Il était devenu un homme qui en un instant avait subitement changé d'existence. A partir de ce moment, Il se traîna dans les couloirs poussiéreux, comme à travers la steppe, sans but précis, presque inconscient.

Il écrivit, encore et encore. Aucune réponse ne vint, ni courrier, ni visite. Il écrivit tant qu'il dut emprunter des timbres. Il buvait son propre chagrin, s'en saoulait. Ce n'était même plus du chagrin, c'était un sentiment nouveau et inconnu qui le rongeait.

Dix jours plus tard un malaise le surprit et le cloua au sol. Il ne s'était pas rendu compte que depuis ces dix jours il n'avait ni mangé ni dormi, seulement écrit, bloqué sur une idée fixe, sans réaliser qu'il nuisait à sa santé. Les hommes dorment lorsqu'ils ont sommeil, mangent lorsqu'ils ont faim. Il n'avait absolument ni faim ni sommeil.
Le médecin lui prescrivit des anxiolytiques et des compléments nutritionnels sous forme de canettes à boire. Avec ses trois effexor quotidien, accompagné de six xanax, un tercian, un imovane, et deux renutryls pour ne pas dépérir, il se sentit soudainement relaxé au point de dormir plusieurs jours d'affilé.

Chapitre XIII

Vive la Récidive !

Il émergea péniblement de son sommeil, le cerveau floconneux, humilié, torturé par la conscience qu'il avait d'être tombé ainsi au niveau le plus bas. Il ignorait combien de temps il avait passé dans cet état semi-comateux, il retint seulement que les pilules étaient efficaces. Le soleil se coucha puis se leva de nombreuses fois, la souffrance se faisait moins cruelle, la plaie commençait à se refermer, et il comprit qu'il anesthésiait son esprit, comme ces blessés qui reçoivent de la morphine pour atténuer la douleur, mais la morphine ne supprime pas la douleur, elle ne fait que la masquer. Sa souffrance était justifiée, il devait soigner les causes, pas les conséquences. Il réagit, il ne pouvait les laisser lui retirer ses enfants et regarder sa femme s'éloigner. Sa famille était la seule source de réjouissance que la vie lui avait apportée, et il baisserait docilement les bras sans se battre ? Il ne réfléchit plus, un seul but l'anima : rejoindre sa famille à tout prix.

Depuis plusieurs jours les toilettes avalaient les pilules, il se sentait mieux, sa volonté revenait à grand pas. Ressasser ses échecs ne les effaçait pas, mais il ne pouvait s'empêcher de se lamenter :
- La situation est tragi-comique, je devrais être dehors, en conditionnelle. Ils me l'ont refusé pour des conneries. J'ai trouvé un employeur, une association agréée par le Ministère de la Justice accepte de me signer un contrat pour la durée de ma conditionnelle. Tout se déroulait trop bien. Je me suis embourbé les pieds dans les procédures administratives.

Vive la Récidive !

Une commission décidait de la sortie anticipée en conditionnelle. Un contrat d'embauche était nécessaire pour obtenir cette conditionnelle. Une autre commission accordait ou non une permission pour rencontrer un employeur et signer le contrat de travail à présenter pour la demande de conditionnelle. Le bât blessait à cet endroit. La commission qui étudiait les permissions venait trois semaines après celle qui étudiait les conditionnelles. Sa demande de conditionnelle avait été refusée car il manquait le contrat signé et il était trop tard pour s'inscrire à la prochaine commission de permission. Le serpent s'était mordu la queue, sa conditionnelle avait était refusée car il n'avait pas de permission et il ne pouvait pas passer en commission de permission puisqu'il était déjà sur la liste des demandes de conditionnelles. Il lui fallait donc attendre que la commission de conditionnelle soit passée pour demander à passer en commission de permission, sortir signer son contrat de promesse d'embauche, et ensuite seulement demander une nouvelle audience en commission de conditionnelle. Il était allé trop vite en besogne. Le serpent administratif lui coûtait deux mois de retard sur sa sortie, pendant lesquels sa femme, qui avait été avertie du refus de la conditionnelle, le quittait. Deux mois qui avaient décidé de sa vie.

Jacques lui prêtait une oreille attentive et approuvait en opinant de la tête.

- Je me casse, je ne reste pas une seconde de plus ici, décréta Nacer au comble de l'angoisse.

Vive la Récidive !

Jacques avait envie de rire. Partir, ils en rêvaient tous, mais ils rencontraient tous le même problème : les murs, les barreaux aux fenêtres, et les portes sans poignée ni serrure côté détenu.

- Si je reste, c'est ma femme qui part avec mon fils, je n'ai pas le choix. Ils repoussent ma conditionnelle pour des conneries de paperasse, ma femme pète un câble.

Majid n'avait pas l'esprit moqueur, lui aussi avait retourné dans sa tête toutes les solutions pour s'évader. Son avis fut beaucoup plus pragmatique.

- Une cavale ne s'improvise pas. Il te faut une équipe dehors, de l'oseille à foison, et pas d'attache. T'as rien de tout ça, te torture pas inutilement.

Nacer n'était pas de cet avis, à cet instant rien ne pouvait retirer cette idée de sa tête. Il s'en allait. Tout était si évident, si facile. Il lui serait aisé de se procurer la lame de scie dont il aurait besoin, par le détenu qui nettoyait l'aile du personnel pénitentiaire, une caverne d'Ali-baba en dépit des consignes officielles strictes, ou par l'auxi bricoleur, employé comme plombier, électricien, carreleur, etc, une mine d'or pour quelques paquets de cigarettes, ou en utilisant l'outil passe-partout, cher car il ne se monnayait pas en paquets de cigarettes, mais efficace en toute situation, de la lime à l'explosif en passant par le téléphone portable : le bienvenu maton corrompu. Les barreaux étaient sondés, c'est à dire frappés à l'aide d'une barre de fer pour vérifier à la sonorité qu'ils n'étaient pas sciés, deux fois par semaine, le samedi et le dimanche, ce qui l'obligerait à commencer à les scier le dimanche soir en rentrant de la promenade. Ce serait la première phase et la plus délicate. Pour sortir de la cellule, une échelle de draps lui permettrait de descendre sur la coursive, il la longerait jusqu'à son extrémité, escaladerait le grillage pour atteindre la barre au-dessus, ferait attention à ne pas poser le pied de l'autre côté à cause des barbelés, et sauterait directement, opération périlleuse depuis 4 mètres de haut avec un atterrissage sur du bitume, dans le noir. Les ateliers, de l'autre côté de la route longeant les bâtiments, formeraient le dernier rempart, il lancerait le grappin, fabriqué à l'aide d'une chaise, qui s'accrocherait sur la saillie de rebord du toit, il gravirait le toit, la partie serait gagnée, de l'autre côté s'étalerait la liberté.

Majid lui répondit sur le même ton sérieux, comme s'il avait réellement envisagé cette hypothèse.

- Ton plan se déroulera comme prévu, peut-être un peu trop bruyamment, le grappin émettra un son de glas en heurtant le toit et réveillera le chien de garde humain qui surveille depuis le mirador. Un projecteur s'allumera, des cris déchireront la nuit, incompréhensibles pour toi dans la tension de l'action. Tu entendras le claquement sec d'une balle qui s'échappera d'un canon de fusil. La balle, inflexible, assassine, viendra briser en deux ta charpente, le film de ta vie se déroulera. Tu seras en train de mourir.

Majid avait l'expérience de la prison et des grosses affaires. Son avis professionnel était précieux. Le regard de Nacer devint hagard, vitreux, il avait apparemment compris qu'il ne pourrait pas sortir, qu'il ne pourrait pas retenir son fils, qu'il ne pourrait rien faire pour empêcher sa femme de partir. Il aurait préféré mourir. Il fut pris de catalepsie, cette prise de conscience avait figé un instant insupportable, il n'avait pas d'issue, il était bloqué, physiquement et psychologiquement.

Un détenu tel que Majid, fiché au grand banditisme, bénéficie d'une certaine aura auprès du personnel pénitentiaire dont l'art consiste à faire cohabiter des sociopathes. Un petit délinquant fait des petites vagues tandis qu'un grand bandit peut causer des dégâts plus importants car les règles qu'il respecte sont plus ténues et ses limites plus lointaines. La pénitentiaire prend en compte ce phénomène et accorde plus facilement de menus avantages - séances de sport, activités, accès à la bibliothèque, au coiffeur - aux grands gangsters. Majid tenta d'user de cette influence pour que Nacer ait accès à l'infirmerie et que le médecin lui prescrive la potion magique habituelle : cocktail d'anti-dépresseurs. Un détenu lambda n'aurait reçu aucune réponse. Majid eut droit à plus d'égard. On lui expliqua poliment que Nacer avait déjà eu un traitement qu'il avait refusé de suivre, alors il n'était pas question d'attendre son bon vouloir, la liste des détenus qui demandaient à être reçus à l'infirmerie était déjà bien assez longue comme ça. Jacques écrivit plusieurs lettres au chef de détention pour expliquer que le refus de la conditionnelle de Nacer était purement administratif, simplement parce que la commission de permission qui lui permettrait de bénéficier d'une permission pour faire signer son contrat d'embauche se déroulait après la commission de conditionnelle à laquelle il devait présenter le contrat. Nacer avait

Vive la Récidive !

l'appui de la conseillère du spip, le service pénitentiaire d'insertion et de probation qui validait toute demande de présentation en commission, laquelle commission ne faisant que valider officiellement l'avis de la conseillère.

Nacer ne pouvait pas attendre la prochaine commission dans deux mois, sa vie partait en déliquescence, il sombrait dans une profonde dépression. Jacques, avec son CV de citoyen bien intégré, n'eut aucune réponse, le personnel pénitentiaire avait bien assez de travail pour gérer les psychopathes sans perdre du temps avec les jérémiades des pleurnichards inoffensifs.

Nacer ne parlait presque plus. Son visage devenu inexpressif ne s'égayait plus. Il demeurait indolent. Aucune nouvelle, aucune sortie à l'extérieur de la cellule ne parvenait à lui soutirer une émotion.
Majid et Jacques avaient renoncé à le ramener à la vie. Quels pouvoirs avaient-ils, avec leur pyjama rayé scotché sur leur front ? Quelle compensation pouvaient-ils apporter à l'image de sa femme le fuyant en entraînant son fils dans son sillage ?

La cellule triplette était devenu bien triste, elle n'était plus un cabaret où l'on riait au milieu de la grisaille environnante. L'ambiance s'était ternie, assombrie par la souffrance de Nacer qui rebondissait d'un mur sur l'autre et emplissait la cellule. Rien ne pouvait freiner cette descente aux enfers. Majid et Jacques sortaient en promenade le cœur gros de laisser Nacer seul en cellule avec son désespoir. Le bonheur se partage comme un bon gâteau, le malheur est un état d'âme égoïste que l'on s'approprie en indivision. Ils marchaient, tournaient en rond dans la cour en essayant de trouver des sujets de conversation variés et originaux pour apporter de l'oxygène à leurs cerveaux bridés par le manque de stimulations.

chapitre XIV

Au cours d'une de ces sempiternelles promenades, une activité inhabituelle se manifesta. La nouvelle fit instantanément le tour de la cour. Du nouveau. De l'inattendu. De l'action. Un événement. Une épaisse fumée noire s'échappait d'une fenêtre de cellule. Encore un toto, le thermoplongeur pour chauffer l'eau du café, qui avait tant été utilisé et tant été rafistolé que les fils électriques avaient fini par se toucher, provoquant un court-circuit qui faisait fondre le plastique. C'était une bonne nouvelle en prison, cela animait les discussions jusqu'au coucher. Enfin une journée surprenante.

Pour Majid et Jacques, ce n'était pas une bonne nouvelle, car la fumée s'échappait de leur cellule. Les murs resteraient imprégnés de l'odeur insupportable de plastique fondu pendant plusieurs jours, un toto était foutu, sûrement une casserole aussi, et peut-être d'autres dommages. Ils avaient hâte que la promenade se termine pour aller constater par eux-mêmes l'étendue des dégâts. L'affaire prit de toutes autres proportions lorsque des flammes si gigantesques que la cellule ne pouvait les contenir apparurent à la fenêtre. Cette fois-ci ils assistaient à un véritable incendie. Les détenus dans la cour plaisantaient sur cette bonne aubaine, cette distraction inattendue qui cassait la routine.

- Yo poto, y en a un qui se fait cramer.

Majid et Jacques assistaient impuissants. La porte de la cour de promenade ne s'ouvrirait pas, ils auraient beau la frapper, crier, elle resterait close. Ils n'avaient aucune solution pour la faire s'ouvrir. Ils ne pouvaient que regarder. Nacer était à l'intérieur de la cellule en flammes.

L'incendie n'avait aucune raison d'être accidentel. La technique la plus usitée pour se suicider en prison est de se couper les veines. Ce n'est pas très douloureux, et on a le temps d'en profiter. Tant qu'à mourir une seule fois, autant en profiter. La technique qui vient en deuxième, loin derrière, est de mettre le feu à son matelas. Elle intéresse les détenus qui n'ont pas le courage de se mutiler, acte qui demande une volonté qui fait souvent défaut au candidat au suicide. Mettre le feu à un objet, tout humain l'a fait au moins une fois dans son enfance, c'est un acte anodin. En prison, dans une cellule sans poignée de porte et sans issue de secours, le captif est un toast dans un grille-pain. Résultat garanti. La troisième et dernière technique est la pendaison. Beaucoup plus difficile à réaliser qu'on ne le pense, l'apprenti-pendu a plus de chances de finir avec les yeux sortis de leurs orbites et des marques de strangulation autour du cou qu'avec une mort assurée. Cette méthode rencontre peu de succès car il faut ajouter à l'incertitude du résultat la technique à élaborer et le matériel à préparer. Si Nacer avait voulu se suicider, il aurait mis le feu à son matelas.

La promenade touchait à sa fin. Majid et Jacques avaient l'obligation de remonter en cellule. Ils savaient le spectacle qui les attendait. Ils craignaient d'apprendre la nouvelle pourtant évidente. Ils avaient encore moins envie de remonter que d'habitude.

Pendant que les autres détenus de l'aile regagnaient leur cellule, le surveillant les stoppa. Ils restèrent seuls dans le couloir avec le chef de détention et cinq surveillants. L'un des surveillants leur fit signe de les suivre. La situation était inhabituelle, trop d'uniformes s'étaient déplacés pour seulement deux détenus. Ils changèrent d'étage, marchèrent comme des proches lors d'une procession funéraire, l'air grave. Le surveillant leur ouvrit leur nouvelle cellule.

- On vous apportera vos affaires dans l'après-midi.

Il ne prit pas la peine de se justifier, chacun savait ce qu'il en retournait. Majid et Jacques se retrouvèrent face à face dans cette nouvelle cellule vide. Une cellule double soudain très étroite en comparaison de leur triplette. Ils se sentaient seuls, vidés.

Ce fut Majid qui, le premier, brisa le silence.

- Ils se sentent foireux. Ils étaient trop nombreux pour nous escorter jusqu'à notre nouvelle cellule. Ils craignent que je leur pète un câble.

- Tu n'as aucune responsabilité dans l'acte de Nacer.

Vive la Récidive !

- Moi non, mais eux ? Combien de demandes on a fait pour leur dire de faire quelque chose ? Combien de réponses on a eu ? Ils ont laissé crever Nacer.

Jacques n'avait pas vu les événements sous cet angle. Il était vrai que l'administration n'avait aucunement pris en compte la détresse de Nacer. Il n'avait pas eu droit de cité. Seul son numéro de matricule avait été traité. Seul un numéro de matricule avait décidé d'en finir par quelque moyen que ce soit. Leur rapport serait facile à rédiger : un détenu sans histoire, sur le point d'être libéré, n'était pas sorti en promenade, était resté seul en cellule et avait mis le feu à son matelas. Le temps d'ouvrir la cellule en respectant les procédures de sécurité et le détenu était décédé, enfumé comme une tranche de bacon. Rien n'avait pu présager cet acte dramatique. Fin du rapport. Dossier classé et archivé, les morts par suicide, agression, ou inexpliquées, étaient légions en prison. La sécurité passait avant tout, avant la vie d'un détenu évidemment. Majid avait les traits crispés. Jacques était soucieux à cause de cette routine rompue, l'atmosphère était tendue. Ils avançaient en terrain inconnu, loin de la rengaine rassurante des protocoles administratifs. Ils n'étaient que des détenus, sans droit, sans existence, sans droit à l'humanité. Les procédures les protégeaient, elles ne leur accordaient aucun droit mais leur garantissaient l'indifférence d'un numéro de dossier. Personne n'aurait l'idée d'agresser un dossier, de lui faire endosser sa rage.

Vive la Récidive !

Jacques n'était pas certain des réactions possibles de Majid. Il redoutait sa réaction envers les fonctionnaires, et craignait même un peu pour lui-même. Si Majid s'emballait contre les matons, Jacques pouvait devenir une victime collatérale involontaire. Il ne se sentait pas de taille à se dresser au milieu d'un champ de bataille entre un Majid prêt à tout et une administration toute puissante. Il n'avait pas l'âme d'un héros. De bonnes surprises les attendaient pourtant. De leurs affaires il ne restait que des cendres, mais la télé leur fut apportée gratuitement. Pourquoi gratuitement ? Majid avait-il raison ? La pénitentiaire avait-elle quelque chose à se faire pardonner ? Dans la semaine qui suivit ils eurent accès à la bibliothèque et au sport. Un délai aussi court était sans nul doute possible un traitement de faveur. Mais le meilleur restait à venir. Une nouvelle incroyable attendait Majid.

Le revirement de situation fut si rapide que l'avocat de Majid n'eut pas le temps de l'avertir. Ce fut un maton qui lui apprit la bonne nouvelle. La scène se grava dans sa mémoire. Le maton ressemblait à un pot-au-feu, un corps de poireau tête en bas, les racines en guise de cheveux, un visage de laitue, deux oreilles de choux, des radis ronds pour orbites oculaires. Il en exhalait également l'indélicat fumet, avant la mise au feu. Une odeur de légumes crus trop avancés. La porte de la cellule à peine ouverte, le crieur public lut son texte :

- MARROUCHE, libérable à 14h00, préparez votre paquetage.

Et la porte se referma sans plus de cérémonie.

Vive la Récidive !

Une mouche se posa sur le rebord du muret qui isolait le wc et le lavabo, puis redécolla aussitôt, ayant changé d'avis quant à sa destination. Le bruit de ses ailes qu'elle activa à plein régime pour s'arracher à la pesanteur retentit dans la cellule, tant y régnait un silence interloqué. Majid MARROUCHE libérable ? Il n'était pas même encore jugé ! Il s'était fait prendre en flagrant délit ! Le personnel pénitentiaire n'était pas très porté sur l'humour, alors pourquoi cette petite phrase incompréhensible : MARROUCHE libérable. Il n'y avait qu'un MARROUCHE dans cette cellule.

Deux heures plus tard, le crieur public ouvrit de nouveau la porte pour annoncer un parloir avocat immédiat à Majid. Ce dernier réagit instantanément. Aucune visite de son avocat n'était prévue. Cette fois-ci, pas d'erreur, quelque chose avait bougé. D'un bond, il se leva de sa chaise, les sens en éveil, les yeux écarquillés. Il saisit sa carte d'identité intérieure, le seul document officiel que possédait un détenu, chaussa ses Nike, puis franchit la porte de la cellule. L'avocat serait sûrement plus loquace que le maton.

Lorsqu'il revint à la cellule, Majid arborait un sourire en coin, mi-heureux, mi-ironique. Son avocat lui avait confirmé l'impossible.
- Ben mon Jacquot, jamais je n'aurais pensé sortir avant toi. L'avocat m'a balancé son baratin technique pour me dire que le délai pour fixer la date d'audiencement de mon procès est dépassé, donc il y a vice de procédure, donc je suis libre.

Vive la Récidive !

Jacques n'en croyait pas ses oreilles. Il était ravi pour son colocataire. Un tel cas de figure équivalait au tirage du gros lot à la loterie. Il se demandait pourquoi Majid n'était pas plus enthousiaste.

- C'est le plus beau jour de ta vie j'imagine.

- Il paraît oui.

- Qu'est ce qui ne va pas ?

- J'y crois pas à leur vice de procédure. C'est le procureur lui-même qui a demandé ma libération immédiate. Ça n'existe pas. Je vais te dire ce qui se passe. Ils étouffent l'affaire ! C'est ça qui se passe. Pour éviter qu'on pète un plomb et qu'on révèle que la pénitentiaire aurait pu et aurait du empêcher ce suicide prévu. On le savait que Nacer il disjonctait, on leur avait dit, ils l'ont laissé crever. Ma libération c'est une façon de m'acheter. Avec une libération anticipée, je suis censé oublier la prison et ce qui s'est passé, une nouvelle vie commence pour moi, j'oublie l'ancienne.

- Tu crois qu'ils te laisseraient sortir pour étouffer cette affaire ?

- Évidemment, c'est chaud pour eux. Avec un dossier comme ça, t'es sûr de trouver un baveux qui va prendre le dossier gratuitement pour se faire sa pub, et imagine que la Cour Européenne des Droits de l'Homme nous donne raison, t'as un mec qui a grillé quand même, ça va leur coûter combien à ton avis. T'inquiète pas pour toi, tu ne seras pas oublié, ils se sont occupés de moi d'abord parce que je suis le plus chaud, mais ils vont t'apporter des croissants à toi aussi, obligé.

Jacques était dubitatif. Le Droit Français était un droit technique qui ne souffrait aucun aménagement, qu'aucune démagogie ne pouvait corrompre. Même les ministres ne pouvaient échapper aux serres judiciaires, alors des individus insignifiants comme ils l'étaient ne pouvaient s'attendre à un traitement personnalisé.

Son étonnement fut donc d'autant plus grand lorsqu'à peine 15 jours après le départ de Majid, il fut convoqué par la conseillère spip qui lui annonça que son dossier de conditionnelle était accepté et qu'il serait bientôt dehors. De quel dossier parlait-elle ? Il n'avait fait aucune demande. Il s'en étonna auprès de la conseillère qui lui dit tout naturellement qu'elle avait elle-même présenté son dossier en commission car il présentait toutes les garanties pour une sortie anticipée. Jacques resta bête en apprenant cette nouvelle. Dans ce lieu où rien n'arrivait malgré des demandes justifiées incessantes, voilà que la porte de sortie s'ouvrait sans qu'il l'ait demandé ! Inconcevable.

Majid avait eu raison. L'inflexible Droit était flexible. L'Administration achetait leur silence. On le laissait partir. Les problèmes de la cour du bâtiment D4 de la maison d'arrêt de Fleury-Mérogis ne seraient bientôt plus ses problèmes. Que ferait-il une fois dehors ? Il marcherait très vite, sans se retourner, vers la nouvelle vie qu'il lui faudrait reconstruire. En aucun cas il ne mettrait les pieds chez un magistrat pour se plaindre d'une situation inacceptable derrière les murs. Ne serait-ce qu'imaginer la scène était risible : lui, détenu libéré prématurément grâce à la diligence de la Justice, s'en allant auprès de la Justice se plaindre du comportement de la Justice. Bah, tant pis pour Nacer, si Jacques avait appris au moins une chose en prison, c'était de ne pas trop s'encombrer d'états d'âmes lorsqu'une possibilité d'avancer se présentait. Le détenu n'avait qu'un devoir : sortir des bas-fonds.

Chapitre XV

Pour Majid, quelques semaines plus tôt, dès sa libération, la situation avait été beaucoup plus ambivalente. Majid, qui n'avait pas été suffisamment cadré dans son éducation, était demeuré un idéaliste, un utopiste révolté qui ne dominait pas ses pulsions. Cette société qui avait autorisé le suicide d'un Nacer le dégoûtait. Il ne goûtait pas l'air frais de la liberté, il avait envie de tout faire péter encore une fois.

Le fourgon pénitentiaire les déposa, lui et les autres libérés du jour, à l'entrée de la station RER de Saint-Michel-Sur-Orge. Majid avança machinalement, descendit les marches sans réfléchir et remonta à mi-chemin pour s'arrêter sur le quai central. Il leva les yeux vers l'écran d'information à droite devant lui. Un train arrivait en gare dans 3 minutes. Trois minutes. Trois stations. Dans trois stations il serait à Arpajon, chez sa sœur qui l'hébergerait le temps de se ressourcer, d'obtenir le job de cariste des repris de justice. A croire que posséder un casier judiciaire était un prérequis pour être cariste ! Majid s'exprimait avec aisance, il pouvait envisager de travailler pour une société de télémarketing. Ce n'était pas mieux payé que cariste, mais on passait la journée assis dans un local climatisé, agréablement décoré, sur un fauteuil confortable, et l'on rentrait chez soi les mains propres. C'était important de ressentir qu'on avait les mains propres, lorsqu'on sortait de prison. Cariste ou télémarketing. Télémarketing ou cariste. Les deux choix flottaient au loin dans sa tête.

Plus près de lui, juste derrière à gauche, se trouvait un autre afficheur, qui renseignait sur la voie de derrière, celle où les trains arrivaient par la droite, faisaient une pause le temps de débarquer et d'embarquer des flots de passagers, puis repartaient vers la gauche, en direction de Paris, de la grande vie, des grands espoirs, des grandes chutes également. La ville du business, celle où son pedigree lui servait de carte d'identité, celle où il pourrait sans peine reformer une équipe de braqueurs, avoir le cœur qui bat à tout rompre, vivre debout et avec intensité, et envoyer une bonne gifle à tout ce système corrompu. L'afficheur indiquait un train à venir dans 2 minutes. Il tourna la tête vers l'affichage de la voie devant lui, il indiquait à présent 2 minutes également. Dans 2 minutes, il reprendrait son destin en main.

Arpajon. Paris. Il hésitait quant à la direction à prendre. Il se dit qu'un quai central de RER c'est con, ça oblige à choisir la direction que l'on veut prendre. Les gares ne devraient avoir qu'un seul quai, avec des trains qui circulent dans un seul sens. Il en était là de ses réflexions inutiles de prisonnier habitué à regarder le temps s'écouler sans but, lorsque la masse d'air déplacée par les rames de wagons précéda le bruit fracassant de l'arrivée des deux trains en gare. Il fut pris en sandwich entre la rafale du train venant de droite et celle du train de gauche. Il redécouvrait la puissance du vent qui le fit gémir de surprise plus que de douleur en s'engouffrant jusque dans ses tympans. Il marqua un temps d'arrêt avant de choisir, puis monta à bord. Les trains repartirent.

www.ingramcontent.com/pod-product-compliance
Lightning Source LLC
Chambersburg PA
CBHW062004280526
45787CB00005B/1987